생활 속의 관음경

우룡 큰스님 지음

효림

생활 속의 관음경

초 판 1쇄 펴낸날 2005년 1월 3일
　　　14쇄 펴낸날 2022년 9월 30일

지은이 우룡스님
엮은이 김현준
펴낸이 김연지
펴낸곳 효림출판사

등록일 1992년 1월 13일 (제2-1305호)
주　소 서울시 서초구 반포대로14길 30, 907호 (서초동, 센츄리Ⅰ)
전　화 02-582-6612, 587-6612
팩　스 02-586-9078
이메일 hyorim@nate.com

값 8,000원

ⓒ효림출판사 2005
ISBN 979-89-85295-40-6　03220

잘못 만들어진 책은 바꾸어 드립니다.
이 책은 저작권법에 따라 보호를 받는 저작물이므로 무단전재와 무단복제를 금지합니다.

序

『법화경』의 관세음보살보문품!

이 보문품에 충만되어 있는 관세음보살님의 대자비를 일체 중생에게 미치게 하고자, 옛 성현들께서는 『관음경』이라는 이름으로 별도의 경전을 펴내 널리널리 유통시켰습니다.

괴로움을 벗고 행복을 이루는 법을 설한 관음경!

이 『관음경』에 대한 해설을 불교신행연구원에서 발간하는 월간 「법공양」에 2003년 8월 부터 2004년 6월까지 11회에 걸쳐 연재하였고, 이제 그 글들을 한데 모아 모든 불자님들께 회향할 수 있게 되었습니다.

바라옵건대, 『관음경』과 관세음보살님의 크나큰 가피 속에서 일체고(一切苦)를 해탈하여 대향상(大向上)의 길로 나아가지이다.

나무 실상묘법연화경 관세음보살보문품

불기 2548년 10월
경주 남산 함월사에서
雨龍 합장

차 례

序 … 5

관음경을 공부하기 전에

관세음보살과 보문(普門) … 11

- 법화경과 관음경 / 11
- 관세음보살은 과연 살아계시는가? / 15
- '관세음'과 '보살'과 '보문'의 뜻풀이 / 25

관음경 강설

일심칭명과 즉시해탈 … 33

재난의 소멸 … 51

공경예배와 소원성취 … 75

차 례

근기따라 나투시는 응신 … 95

복 짓는 관세음 보살님 … 115

염피관음력(念彼觀音力) … 135

관음을 관(觀)하라 … 189

무엇이 관음의 음(音)인가 … 211

관음경 강의를 끝내며 … 227

관음경을 공부하기 전에

관세음보살과 보문(普門)

법화경과 관음경

관음경은 원래 독립된 경전이 아니었습니다. 총 28품으로 이루어진 『법화경(法華經)』의 제25품인 「관세음보살보문품(觀世音菩薩普門品)」을 하나의 경으로 독립시켜 '관음경'이라 한 것으로, 다음과 같은 유래가 전합니다.

유명한 역경승인 담무참(曇無讖 : 385~433) 대사가 파미르 고원 일대에서 교화활동을 하다가 하서(河西)지방에 이르렀을 때, 하서왕인 저거몽손(沮渠蒙遜)이 큰 병으로 무척 고생을 하고 있는 것을 보고 권했습니다.

"관세음보살님은 이 국토와 인연이 깊습니다. 관세음보살보문품을 외우시면 병이 나을 것입니다."

저거몽손왕은 대사의 권유에 따라 「관세음보살보문품」을 외웠고, 얼마 지나지 않아 병이 씻은 듯이 나았습니다. 이에 하서왕인 저거몽손은 『법화경』에서 「관세음보살보문품」만을 따로 떼어 널리 유포시키면서 『관음경』이라 이름하였으며, 이것이 중국 땅에 관음신앙이 널리 유포되는 계기가 되었습니다.

8

담무참대사 이후에도 「관세음보살보문품」에 대해 축법호(竺法護)스님은 『광세음경(光世音經)』이라는 이름으로 번역 유포하였고, 기타밀(祇陀密)스님은 『보문품경(普門品經)』이라는 이름으로 번역하였으며, 송나라의 안양신(安陽信)도 『관세음경』을 펴내어 관세음보살에 대한 신앙을 널리 펴는데 크게 기여하였습니다.

그런데 여기서 우리가 잊지 말아야 할 한가지 사항이 있습니다. 『관음경』의 영험에 빠져 모태인 『법화경』을 잊어서는 안 된다는 것과, 『법화경』의 원제목 뜻을 분명히 파악한 다음 '관세음보살보문품'이라는 뜻을 새겨야 관세음보살의 대자비가 어떠한 것인지를 잘 파악할 수 있다는 것입니다. 그러므로 먼저 『법화경』의 경제목부터 풀이하고자 합니다.

『법화경』은 『묘법연화경(妙法蓮華經)』을 줄인 이름이요, 완전히 갖춘 이름은 『실상묘법연화경(實相妙法蓮華經)』입니다.

'묘한 법의 실상을 연꽃에다 비유한 경'이라는 뜻입니다.

법의 실상(實相), 법의 진실한 모습은 어떠한 것인가? 이 우주법계가 생겨나고 유지되고 무너지고 사라지는 성주괴공(成住壞空)의 법, 모든 생명 있는 존재의 생로병사(生老病死)와 한 생각 한 생각의 생주이멸(生住異滅)을 모두 포함하고 있는 법! 그 법의 진실한 모습을 어떻게 표현해야 할까요? 그 법을 인간의 표현으로는 제대로 설명을 할 수가 없기 때문에 그냥 '묘(妙)하다'라고 한 것입니다.

조선시대 중기에 가야산 해인사에 머물며 도인으로 추앙받았던 허주(虛舟)스님께 대중들이 법문을 청하자 법상에 올라앉아 설하셨습니다.

"묘합지요."

그리고는 한참을 침묵하다가 설하셨습니다.

"묘합지요."

스님은 또 한참을 계시다가 설하셨습니다.

"묘합지요."

세 번을 '묘하다'고 하신 허주스님은 마무리를 짓는 한마디의 법문을 하고 법상에서 내려오셨습니다.

"굼벵이가 매미 되는 법이 묘해!"

🙏

이 큰스님의 법문처럼, 이 우주법계의 눈에 보이는 현상만 하여도 인간의 상식이나 생각으로는 감히 접근조차 어려운 것이 많습니다. 하물며 눈에 보이지 않는 우주법계의 실상은 어떠하겠습니까? 그래서 불가사의(不可思議)하다는 뜻을 지닌 '묘할 묘(妙)' 자로 표현한 것입니다.

그러나 무지한 중생에게 '묘하다', '불가사의하다' 고만 설명하여서는 이해가 되지 않기 때문에, 실상묘법을 연화(蓮華), 곧 연꽃에다 비유하여 조금 이해할 수 있게끔 하였습니다.

연꽃은 불교의 상징으로, 처염상정(處染常淨)의 꽃입니다. 더러운 흙탕물 속에서 피어나지만 잎도 꽃도 더럽혀지지 않고 깨끗하게 피어납니다. 곧 우리들이 탁하고 악한 세상에서 살아가고 육도(六道)를 윤회할지라도 우리의 근본 불성(佛性)은 물들거나 흐려짐이 없이 언제나 깨끗하다는 것을 연꽃의 처염상정에 비유한 것입니다.

달리 비유하면, 금이 인연을 따라 목걸이도 되고 반지도 되고 팔찌도 되고 비녀도 되지만 금이라는 바탕은 변하지 않는 것과 같이, 중생이 업을 따라 육도윤회를 하지만 근본 불성자리는 전혀 변화하거나 물들지 않는다는 것입니다.

또 한가지 연꽃의 특징은 꽃이 피는 것과 동시에 열매인 연밥이 함께 나타난다는 화개현실(華開顯實)입니다. 이는 원인과 결과가 따로 떨어져 있는 것이 아니라, 인(因)을 지을 때 이미 과(果)가 생겨났다는 것을 상징하고 있습니다. 인즉과(因卽果)! 원인이 곧 결과요, 결과 속에 원인이 있다는 것을 깨우쳐 주고 있는 것입니다.

이렇듯 연꽃이 품고 있는 처염상정과 인즉과의 가르침을 잘 새기고 닦아가면 언젠가는 꾸밈이 아닌 진실한 모습을 회복할 수 있게 되고, 대우주의 실상인 묘법을 깨달아 부처님이 될 수 있다는 것을 『실상묘법연화경』이라는 제목을 통하여 일깨워 주고 계신 것입니다.

관세음보살은 과연 살아계시는가?

그럼 『묘법연화경』 제25품 · 「관세음보살보문품」의 중심인물인 관세음보살(觀世音菩薩)은 어떠한 분인가? 그 뜻풀이를 하기 전에 결론부터 말씀 드리면, 관세음보살이 '실상묘법의 한 모습'이라는 것을 분명히 알아야 한다는 것입니다.

많은 불자들은 관세음보살님이 여자인가 남자인가? 역사적인 실존인물인가 아닌가에 대해 궁금해합니다. 이에 대해 분명히 밝히건대, 관세음보살님은 남자도 여자도 아닙니다. 동시에 관세음보살님은 남자로도 여자로도, 성을 떠난 또 다른 모습으로도 나타날 수 있습니다.

어찌하여 그러한가? 관세음보살은 대우주법계의 실상이요 묘법 그 자체이기 때문에 어떠한 정해진 모습이 없지만 어떠한 모습도 나타낼 수가 있는 것입니다. 그리고 어느 때에나 어느 곳에나 중생의 간절한 바람에 응하여 역사적으로 시현하기 때문에 실존인물이 아니라고 할 수 없는 것입니다. 나는 이 '있다·없다'는 등의 시비에 대해 늘 이야기합니다.

"관세음보살의 이름을 어떠한 인격자와 연결시키고 상상을 하여 관세음보살님의 있고 없음을 따지는 불자들이 있습니다. 물론 지금 우리의 눈에 보이는 것은 관세음보살의 등상이나 그림 뿐이요 실상을 감지 할 수 없으므로 '없다'고 할 수 있을 것입니다.

그러나 어느 나라 중생이 어떤 자리에서건 관세음보살을 향해 발원을 하고 열심히 기도하면 그 시간 그 장소에 맞추어 모습을 나타내서 그 중생을 구해주시니 어찌 관세음보살님을 '없다'고 할 수 있겠습니까?"

이제 이와 관련된 이 땅에서 있었던 한가지 역사적인 예를 들겠습니다.

❀

고려 제18대 왕인 의종 4년(1150년)에 회정(懷正)스님은 금강산 장안사 위의 송라암(松蘿菴)으로 들어가, 관세음보살 탄신일인 2월 19일부터 3년 동안 기도하며 발원하였습니다.

"관세음보살님의 진신(眞身)을 꼭 친견하여지이다."

3년동안 이어진 스님의 지성이 감응하였음인지, 기도 회향일의 꿈에 흰 옷을 입은 할머니가 나타나 일러주셨습니다.

"관세음보살의 진신을 친견하려거든 방산(方山, 지금의 강원도 양구군 방산면) 서래곡으로 가서 몰골옹(沒骨翁)과 해명방(解明方)을 찾아가거라. 그 분들께 물으면 관세음보살을 친견할 수 있느니라."

회정스님은 즉시 행장을 꾸려 방산으로 가서 서래곡을 찾았습니다. 며칠동안 이곳저곳을 헤매며 수소문한 결과 한 나무꾼으로부터, '옛날부터 신선이 산다는 말만 전해질 뿐, 갔다가 돌아온 사람은 없다. 가지 말라.' 는 말을 듣게 되었습니다.

사정을 하여 서래곡이 어디 있는지를 알아낸 다음 그곳으로 나아갔습니다. 인적이 끊긴 첩첩산중을 헤매고 또 헤매는데 해는 저물었고, 아득히 불빛이 보여 찾아갔더니 노인이 홀로 계신 초막이었습니다. 회정스님은 노인께 여쭈었습니다.

"혹시 몰골옹께서 사시는 곳을 알고 계시는지요?"

"내가 몰골옹일세."

스님은 몰골옹이 차려주는 저녁밥을 먹고 하룻밤을 같이 자며 찾아온 사연을 들려주었습니다.

"관세음보살의 진신을 친견하려면 해명방을 찾아가야 하네."

이튿날 아침, 몰골옹은 산너머에 있는 해명방의 집으로 가는 길을 일러주었고, 회정스님은 단숨에 그 집으로 나아갔습니다. 그 집은 지금의 방산면 건솔리의 세 줄기 폭포가 두타연(頭陀淵)으로 떨어지는 멋진 곳에 위치하고 있었습니다. 그러나 집에는 묘령의 처녀만이 있었습니다. 회정스님이 그녀에게 해명방에 대해서 묻자, 그녀는 정색을 하며 말했습니다.

"해명방은 저의 아버님이십니다. 성품이 칼날 같고 급하여 무슨 말이든 순종을 하여야지, 비위를 거슬리면 살아남기 어렵습니다."

그때 나무를 하여 지게에 짊어진 해명방이 집안으로 들어섰습니다. 2m가 넘는 장대한 키에 우락부락하게 생긴 해명방은 고함부터 쳤습니다.

"보아하니 승려인 것 같은데, 사람이 없는 집에 들어와서 아녀자를 희롱해? 네 이놈!"

해명방은 지게 지팡이로 회정스님을 사정없이 내리쳤습니다. 오게 된 사연을 이야기하고 변명을 해보았지만 해명방에게는 통하지 않았습니다. 마침내 스님은 사정을 했습니다.

"죽을 죄를 지었습니다. 잘못을 용서해주시고, 관세음보살님을 친견할 수 있게 해주십시오."

"이놈아, 관세음보살은 내 알바가 아니지만, 내 딸과 결혼을 해서 함께 살면 가르쳐주마."

그리고는 물 한 그릇을 떠다 놓고 혼례를 치르도록 하였습니다. 실로 회정스님은 난감하였지만, 관세음보살을 친견하겠다는 일념과 '혼례를 승낙하라'는 처녀의 강한 눈짓이 있어 마지못해 응락하였습니다. 혼례식이 끝나자 해명방은 신방(新房)을 정해주고 두 사람이 함께 잠을 자게 했습니다.

관세음보살을 친견하겠다는 일념과는 달리 회정스님은 고된 나날을 보내야만 했습니다. 아침밥을 먹고나면 산으로 나무를 하러가거나 들에서 괭이질·호미질을 하였으며, 한껏 열심히 하여도 돌아오는 것은 해명방의 욕과 잔소리뿐이었습니다. 그리고 밤이 되면 더욱 죽을 노릇이었습니다. '혹여나 아가씨와 몸이 닿을까' 노심초사하며 지냈습니다. 회정스님은 해명방 노인의 눈치를 보며 가끔씩 물었습니다.

"관세음보살님은 언제쯤 볼 수 있습니까?"

"아직 멀었다."

언제나 대답은 '멀었다'는 것이었습니다. 4·7일(28일)이 지나자 회정스님의 마음에는 회의가 일기 시작했습니다.

'내가 3년동안 기도를 한 것은 관세음보살을 친견하여 가르침을 받고 빨리 도를 이루고자 함이었는데, 지금의 내 생활은 과연 무엇인가? 중노릇도 아니고 속인의 삶도 아니니…. 이러다가 내가 타락을 하게 되는 것이 아닐까? 더욱이 해명방 노인의 태도로 보아 관세음보살을 친견하게 해 줄 것 같지도 않고, 관세음보살이 계신 곳을 알고 있는 것조차 의심스럽다. 그렇다면 차라리 지금 이곳을 벗어나는 것이 좋으리라. 더 이상 내가 타락을 하기 전에….'

이렇게 생각을 정리한 회정스님은 아가씨를 찾아가 말했습니다.

"이제 그만 떠나야 되겠습니다."

아가씨는 '떠나겠다'는 스님의 말을 듣고 사연을 묻거나 붙잡으려 함이 없이 딱 한마디만 했습니다.

"가시고 싶으면 가셔야지요."

그야말로 인간 세상의 부부로서는 할 수 없는 냉정한 한마디였습니다. 그리고 해명방에게 '떠나겠다'고 하였더니 묘한 말씀을 하였습니다.

"왜? 관세음보살을 뵙겠다더니 뵙지도 않고 가나? 그 문수(文殊 : 몰골옹)라는 영감이 공연히 내 집을 가르쳐 주어서 내 딸만 버려 놓았군. 가고 싶거든 어서 빨리 가거라."

회정스님은 해명방의 마음이 혹여나 변할까하여 급히 하직을 하고 높은 산을 넘어 몰골옹에게로 갔습니다. 몰골옹은 반가이 맞으며 물었습니다.

"너의 원대로 관세음보살을 친견하였느냐?"

"친견하지 못했습니다."

"너와 한 이불 속에서 잔 사람은 누군데?"

"그 분이 누구입니까?"

"네가 그토록 뵙기를 원했던 관세음보살이니라."

"그럼 그 분의 아버지는 누구입니까?"

"보현보살이시다."

그제서야 무언가를 깨달은 회정스님은 산길을 달려 두타연 옆의 해명방 집으로 갔습니다. 그러나 그곳에는 집은커녕 해명방도 아가씨도 보이지 않았습니다. 회정스님은 다시 발길을 돌려 몰골옹을 찾아갔으나 그곳 또한 사람의 흔적은 남아있지 않았습니다.

회정스님은 금강산 송라암으로 돌아와 3·7일(21일)동안 참회기도를 올리며 관세음보살을 다시 만날 수 있기를 발원하였고, 회향일에 흰옷을 입은 중년의 부인이 꿈에 나타나 말했습니다.

"날이 밝거든 만폭동(萬瀑洞)으로 올라가 보아라. 관세음보살의 진신을 다시 만날 수 있을 것이다."

아침 일찍 회정스님은 만폭동으로 향했습니다. 그리고 구룡연(九龍淵) 폭포가 있는 곳에 이르렀을 때 물가에서 머리를 감고 있는 아가씨를 발견했습니다. 해명방의 딸이요 거짓 혼인을 하여 28일동안 한방에서 지냈던 바로 그 아가씨였습니다. 반가운 마음이 넘쳐 스님은 소리치며 달려갔습니다.

"아가씨! 아가씨!"

순간 그녀는 파란색을 띤 관음조(觀音鳥)로 변하여 폭포 위로 훨훨 날아가 버렸고, 스님은 미친 듯이 그 뒤를 쫓았으나 새를 놓치고 말았습니다. 낙담을 하여 물끄러미 고여있는 물을 들여다보고 있는데, 거울과 같은 그 영아지(影娥池)속에 절벽이 비치고 한 여인과 굴의 문이 비치는 것이었습니다. 머리를 돌려보니 과연 그녀는 굴 입구에 서 있었습니다. 회정스님은 칡넝쿨을 타고 단숨에 그곳에 이르렀고, 여인은 반가이 맞아주며 말했습니다.

"지난 날 두타연에서 4·7일(28일)동안 나와 한 이불 속에서 함께한 인연은 백천만겁으로도 만나기 어려운 인연입니다. 몰골옹은 문수보살이요 해명방은 보현보살이며, 스님은 5백년 전 보덕화상(普德和尙)의 후신입니다. 그리고 관세음보살인 나는 항상 이 굴에 있다가 인연이 있는 이가 찾아오면 그 인연따라 몸을 나타내어 보일 것입니다. 앞으로도 정진을 지성으로 하십시오."

 말을 마친 관세음보살님의 진신은 홀연히 사라져버렸고, 회정스님은 크게 깨달은 바가 있어 그곳 석벽에 열 글자를 새겼습니다.

 "상주진신관자재보덕굴(常住眞身觀自在普德窟)."

 그리고 회정스님은 보덕굴 위에 초암을 짓고 3백일 동안 선정속에서 사유(思惟)하여 마침내 관세음보살의 대비원통삼매(大悲圓通三昧)를 성취하였으며, 그 뒤 보덕굴에 절을 창건하고 강화 보문사(普門寺)와 정수사(淨水寺)를 창건하여 고려 땅에 관음신앙을 크게 일으켰습니다.

❧

 『유점사본말사지』등에 기록되어 있는 회정스님의 체험처럼, 관세음보살을 비롯한 불보살님의 시현이나 구원능력은 인간의 상상이나 추측으로 능히 헤아릴 수 있는 것이 아닙니다. 그러나 어떠한 업을 지은 인간일지라도 원을 발하여 지극하고 간절히 구하면 반드시 시현하여 원을 이루어주십니다.

 그 원리가 무엇이겠습니까? 바로 실상묘법(實相妙法), 연꽃처럼 변치않는 불성(佛性)의 덕성(德性) 때문입니다. 불성의 세계는, 실상인 묘한 법의 세계는 언제나 변함이 없으며, '불가사의하다'고 느껴질 만큼 모든 것이 다 갖추어져 있습니다.

그런데 참으로 묘한 것은 중생의 마음입니다. 믿음이 없는 중생의 마음입니다. 실상묘법에 대한 믿음, 연꽃과 같은 불성에 대한 믿음, 법계의 대자비 그 자체이신 관세음보살에 대한 믿음! 그 믿음이 없기 때문에 스스로를 흔들고, 스스로를 흔들기 때문에 원성취를 하지 못합니다.

실로 '있다·없다', '과연 이루어질까?'라는 등의 시비와 의심을 일으켜 스스로를 흔드는데 어떻게 진정한 믿음이 생겨나며, 진정한 믿음이 없거늘 어떻게 관세음보살과 하나가 되는 일념에 들어가 원성취를 할 수 있겠습니까?

이제부터라도 우리는 관세음보살님이 '있다·없다', '실존인물이다·아니다', '남자다·여자다' 하는 시시비비에 빠져서는 안 됩니다. '기도가 될까·안 될까', '원이 이루어질까·안 될까'를 의심해서도 안 됩니다. 오히려 그 헛된 정열을 되돌려, 갈등없이 번뇌없이 오로지 관세음보살을 염하십시오.

우주법계의 대자비 그 자체이신 관세음보살님은 우리에게 어떠한 보상도 바라지 않습니다. 돈도 명예도 헌신도 바라지 않습니다. 오직 한 가지 바라는 것이 있다면 우리가 괴로움에서 완전히 해탈하기만을, 무명에서 벗어나 실상묘법으로 살아가기를 바랄 뿐입니다. 그 관세음보살님은 그것만을 바라시는 것일까? 바로 그것이 그 분의 근본서원(根本誓願)이기 때문입니다.

부디 이를 깊이 새겨 참된 관음행자가 될 것을 당부 드리면서, 이제 '관세음보살'의 이름풀이를 통하여 다시 한번 관세음보살의 본질과 참 뜻을 살펴보고자 합니다.

'관세음' 과 '보살' 과 '보문' 의 뜻풀이

나는 관세음보살(觀世音菩薩)의 '볼 관(觀)'자를 단순히 보는것이 아니라, '듣고〔聞〕· 생각하고〔思〕· 실천한다〔修〕'는 문사수(聞思修) 삼혜(三慧)로 풀이합니다. 이 세 가지 지혜를 갖추어야 '관'이 되는 것입니다.

그리고 '세음(世音)', 곧 세상의 소리는 세간의 소리와 출세간의 소리로 나눌 수 있습니다. 세간 속의 중생들 소리와 성현·부처님·진리의 소리인 출세간의 소리를 함께 포함하고 있습니다.

따라서 '관세음'은 아래로 세간 속의 중생들 소리를 듣고 생각하고 중생구제를 실천하는 것이요, 위로 성현·부처님·진리의 소리를 듣고 생각하면서 진리의 소리대로 실천하며 사는 것을 뜻합니다.

'보살(菩薩)'은 자리이타(自利利他)의 삶을 살아가는 존재로, 상구보리(上求菩提) 하화중생(下化衆生)을 보살의 일로 삼습니다. 위로는 부처님의 깨달음을 구하고 아래로는 중생을 교화하여 나도 이롭고 남도 이롭게 하는 삶을 실천하는 분을 보살이라고 정의하고 있습니다.

나는 이를 조금 바꾸어 '나와 남이 함께 전진하고 향상하고 발전하고 이바지하는 행위'를 보살이라고 일러줍니다. '나' 쪽만을 자꾸만 생각하고 행동하면 중생이요, 나와 남이 함께 전진하고 향상하고 발전하고 이바지하는 행을 실천하며 살면 보살이 됩니다.

보살은 결코 법당 속의 보살상이나 탱화 속의 보살 모습을 갖추고 있어야만 보살이 되는 것이 아닙니다. 나와 남이 함께 전진하고 향상하고 발전하고 이바지하는 행을 실천하면 남자도 보살이요 여자도 보살이며, 어른도 보살이요 아이도 보살입니다. 심지어는 짐승도 보살이 됩니다.

전라북도 임실군 둔남면 오수리에 가면 전라북도 민속자료 제1호인 의견비(義犬碑)가 있습니다. 주인을 위해 죽은 개의 충혼을 위로하기 위해 건립한 비석으로, 다음과 같은 유래가 전합니다.

신라시대에 거령현(居寧縣)에 살았던 선비 김개인(金蓋仁)은 개를 매우 좋아하여 항상 데리고 다녔으며, 개도 주인을 몹시

따랐습니다. 어느 해 봄, 김개인은 이웃 고을로 건너가 친구들과 한껏 술을 마셨습니다. 만취한 그는 집으로 돌아오다가 풀밭에 쓰러져 잠이 들었고, 때마침 주위에서 불이 나 불길이 번져오기 시작했습니다.

이에 개는 주인을 깨우고자 했습니다. 혀로 주인의 얼굴을 핥고, 발로 주인의 몸을 흔들기도 하였으며, 손을 깨물기도 하였습니다. 그러나 만취한 주인이 깨어나지 않았으므로 옷자락을 물고 세게 당겨 주인을 다른 곳으로 옮기고자 했습니다. 하지만 주인은 꼼짝도 하지 않았습니다.

마침내 불길이 가까운 곳에 이르자, 개는 가까운 냇가로 달려가 온 몸을 물에 적셔 주인 가까이로 번져오는 불과 풀 위에 뒹굴었습니다. 그렇게 몸에 물을 적셔 불을 끄기를 수십회, 마침내 주인 곁의 불을 다 끈 개는 지쳐 죽었습니다.

얼마 뒤 술에서 깨어난 김개인은 털이 타고 살결이 익은 채 죽어있는 개를 보았습니다. 그리고 주위의 불탄 자리, 불에 탄 도포자락을 보고 사건의 전말을 파악했습니다.

'아, 저 개가 불에 타 죽을 나를 살려내기 위해 저렇게 죽었구나.'

김개인은 개의 시신을 안고 통곡을 하다가 개의 무덤을 만들어준 다음, 가지고 다니던 지팡이를 그 곳에 꽂아두었습니다.

그 뒤 지팡이에서 싹이 나서 큰 느티나무가 되자, 사람들은 그 나무를 '개 오(獒)'자에 '나무 수(樹)'자를 붙여 '오수'라 하고, 의견비를 세움과 동시에 마을의 이름도 오수리라 하였습니다.

처음의 의견비가 마모되자 1955년에 다시 세웠으며, 임실군에서는 개의 넋을 위로하고 의로운 정신을 후세에 전하기 위해 1962년부터 매년 의견제를 베풀고 있습니다.

§

죽음에 처한 주인을 살려내고 마침내 쓰러져 죽은 의견! 이 개는 단순한 짐승이 아닙니다. 오히려 보살의 화현이라 하지 않을 수 없습니다. 절대로 '보살'을 탱화나 불상의 모습으로만 단정짓지 마십시오. 그리고 보살을 어떤 인격체로만 보지 마십시오. '나'와 남이 함께 전진하고 향상하고 발전하는데 이바지하는 행위 그 자체가 보살'이라는 것을 잘 명심하시기를 당부 드립니다.

이제 '관세음보살' 전체의 의미를 앞에서 풀이한 기준에 따라 정의해 보겠습니다.

중생의 소리, 부처님의 소리와 진리의 소리를 들으면서 중생과 진리를 생각하고 중생을 위해 진리대로 실천을 하는 분, 그리하여 나와 남이 함께 전진하고 향상하고 발전하는데 이바지하는 분이 관세음보살입니다.

그럼 어려움이 닥칠 때마다 관세음보살님께 매달리는 우리는 관세음보살이 될 수 없는가? 물론 우리 스스로도 관세음보살이 될 수 있습니다. '관세음보살'의 이름이 담고 있는 뜻처럼 능히 관세음보살이 될 수 있습니다.

우리가 관세음보살이 되는 것! 이것이야말로 관세음보살님의 대비원력(大悲願力)이요, 이를 위해 관세음보살께서는 '보문(普門)'을 열었습니다.

「관세음보살보문품」의 '보문'은 한정된 문도 좁은 문도 아닙니다. 고통받는 모든 중생을 다 구제하고 해탈시키는 넓은 문이요, 남녀·노소·귀천·상하를 가릴 것 없이 모두가 출입할 수 있는 자유로운 문이기 때문에 '보문'이라고 합니다. 그야말로 일체중생의 해탈문(解脫門)인 것입니다.

따라서 '보문품(普門品)'은 크나큰 문의 이야기, 누구나가 마음대로 출입을 할 수 있고 모든 고난을 벗어버릴 수 있는 해탈 방법에 대한 이야기, 모든 소원을 이룰 수 있는 방법을 설하여 놓은 것이라고 정의할 수 있습니다.

이제까지 우리는 『관음경』의 원래 이름인 '실상묘법연화경 관세음보살보문품'이라는 제목을 풀이해 보았습니다. 불과 15자에 불과한 이 제목 속에는 우주법계의 원리와 관세음보살님의 실체, 그리고 우리의 목표가 담겨져 있습니다.

그리고 이 경제목이 일러주듯이, 『관음경』은 결코 기복(祈福)을 위한 경전이 아닙니다. 우리를 진정한 해탈의 세계, 진리의 세계, 부처님의 자리로 인도하는 가르침입니다. 아울러 이 경이 간직하고 있는 뜻이 이러하기에, 나는 한가지 부탁을 드리고자 합니다.

그 부탁은, 『관음경』 경문을 독송하기 전에 꼭 갖춘 경제목을 세 번 읽고 그 뜻을 새겨보라는 것입니다.

    나무 실상묘법연화경 관세음보살보문품
    나무 실상묘법연화경 관세음보살보문품
    나무 실상묘법연화경 관세음보살보문품

이렇게 세 번을 독송하며 그 뜻을 새기고, '나'의 추구하는 바 원(願)을 생각한 다음 『관음경』 본문 독경을 시작해 보십시오. 관세음보살의 대자비가 한층 간격없이 '나'의 가까이에 함께 하게 될 것입니다.

본질을 찾는 것이 가장 가까운 길이라는 것을 꼭 기억하시기를 축원 드리며, 본문의 강의를 시작하겠습니다.

관음경 강설

일심칭명과 즉시해탈

爾時^에 無盡意菩薩^이 卽從座起^{하야} 偏袒右肩^{하고} 合掌向佛^{하야} 而作是言^{하사되}
世尊^하 觀世音菩薩^은 以何因緣^{으로} 名觀世音^{이닛고}

그때 무진의보살이 자리에서 일어나, 오른쪽 어깨를 드러내고 부처님을 향해 합장을 하고 사뢰었다.

"세존이시여, 관세음보살은 어떠한 인연으로 '관세음'이라 이름하게 되었나이까?"

관음경의 본문은 무진의보살의 질문과 함께 시작됩니다. 그런데 대부분의 경전 첫머리에 보이는 '여시아문(如是我聞 : 이와같이 나는 들었다)'이 여기에서는 생략되어 있습니다. 이 관음경이 『묘법연화경』의 제 25품인 「관세음보살보문품」을 그대로 옮겨 독립된 경전으로 만든 것이기 때문에 '여시아문'을 생략하게 되었다는 것은 쉽게 짐작할 수 있을 것입니다.

이 관음경의 첫 머리 단어인 '그때〔爾時〕'는 『금강경』의 일시(一時)나 『원각경』의 어시(於時)등과 조금도 다를 바가 없는 뜻을 지니고 있으며, 부처님께서 대중들에게 『묘법연화경』을 설하고 계신 '그 시간·그 장소'를 가리킵니다.

바로 그 시간 그 장소에 청법자인 무진의보살(無盡意菩薩)이 등장을 합니다. 무진의! 무진의(無盡意)는 '다함이 없는 뜻, 무궁무진한 뜻'으로 번역됩니다. 이것은 한 인격체로서의 무진의보살을 뜻하는 것이 아닙니다. 실상묘법(實相妙法)의 무궁무진한 뜻, 법의 진실한 모습 속에 담겨져 있는 다함이 없는 뜻입니다. 인간의 몸을 가진 우리로서는 상상도 하기 어려운 불보살의 세계, 대우주법계의 깊고 깊은 뜻이 무진의요, 무궁무진한 법계에서 '관세음(觀世音)'이라는 한 편의 이야기를 추려 엮은 것이 '관음경'이라는 것을 우리는 이해할 수 있어야 합니다.

이제 이 무진의보살이 **자리에서 일어났습니다**〔即從座起〕. 자리에서 일어난다! 이것을 불교에서는 다음과 같이 표현합니다.

"법공의 근본 자리를 좇아 대자대비의 작용을 일으킨다(從法空體座 起大悲用)"

무궁무진한 법계의 근본은 공(空)입니다. 허허로이 비어 있습니다. 그러나 그 빈 가운데에서 무궁무진한 작용이 일어나며, 특히 불보살님은 대자대비(大慈大悲)의 작용을 끊임없이 발현시킵니다. 이러한 도리를 따라 무진의보살은 모든 중생을 이롭게 하는 대자대비의 작용을 일으키고자 법공의 근본자리에서 일어난 것입니다.

자리에서 일어난 무진의보살은 먼저 **오른쪽 어깨를 드러내었습니다**〔偏袒右肩〕. 오른쪽 어깨를 드러내는 우견편단은 인도의 풍습으로, 존경하는 스승이나 어른, 큰 은혜를 입은 분, 목숨과도 바꿀 수 있을 만한 사람에게 취하는 예법(禮法)입니다.

이어 무진의보살은 **부처님을 향해 합장**〔向佛合掌〕을 하였습니다. 합장! 합장(合掌)은 열 손가락을 하나로 모아 인사를 드리는 예법입니다. 우리 나라에서는 합장을 하여 인사를 드리는 것을 쑥스러워하는 이들도 많지만, 동남아시아에서는 사람들끼리 합장을 하고 인사를 합니다. 무종교인·종교인, 불자·비불자를 가릴 것 없이 합장을 하는 것이 그들의 전통입니다.

불교에서는 합장을 할 때 모으는 열 손가락을 우리의 몸〔身〕과 말〔口〕과 뜻〔意〕으로 짓는 열가지 종류의 업(業)을 의미합니다. 신삼(身三)·구사(口四)·의삼(意三). 몸으로 ①살생 ②도둑질 ③삿된 음행의 세가지 업을 짓고, 입으로 ④거짓말 ⑤욕설 ⑥이간질 ⑦아첨하는 말 등 네가지 업을 지으며, 뜻으로 ⑧탐욕과 ⑨성냄과 ⑩삿된 생각을 품습니다.

이것이 십악법(十惡業)이요, 이 열가지를 하지 않으면 십선행(十善行)이 됩니다. 이렇게 십악으로 흐르는 몸과 말과 뜻을 거두어 마음을 순수하게 하나로 모으는 것이 열 손가락을 모두 모으는 합장의 의미입니다.

정녕, 합장하는 마음으로 살생과 도둑질과 삿된 음행을 저지를 수 있겠습니까? 합장을 하고서 거짓말·욕설·이간질·아첨하는 말을 하는 이가 있겠습니까? 합장 속에서 탐욕과 성냄과 삿된 생각을 키울 수 있겠습니까? 합장이야말로 믿음의 자세요 존경의 자세요 정법의 자세요 향상의 자세인 것입니다.

대자대비심을 일으켜 자리에서 일어나 모든 예법을 갖춘 무진의보살은 드디어 부처님을 향해 말씀을 드렸고〔而作是言〕, 그 첫마디가 "세존(世尊)이시여"였습니다.

세존! 세존(世尊)은 범어 '바가바(婆伽婆, Bhagavat)'를 뜻

에 맞게 번역한 단어로, 부처님에 대한 여러 호칭 가운데 하나이며, '세상에서 높으신 분'으로 풀이됩니다. 그러나 세존은 단순히 높기만한 분이 아닙니다. 『불지론(佛智論)』제 1권에서는 '바가바 6의(義)'라 하여, 여섯가지 덕을 갖춘 분이라야 바가바가 될 수 있다고 하였습니다. 그 여섯가지 덕은 다음과 같습니다.

① **자재(自在)** : 세존은 번뇌망상을 벗어나 어떠한 업의 구속도 속박도 간섭도 받지 않기 때문에 자유자재합니다.

② **치성(熾盛)** : 세존은 훨훨 타오르는 불길처럼 지혜의 불이 치성한 분입니다. 이 지혜의 불로 모든 인연과 망상을 다 태워버리고, 그 치성한 지혜로 모든 것을 판단하고 대처하고 처리를 하십니다.

③ **단엄(端嚴)** : 단엄은 '단정하고 엄숙하다'는 뜻입니다. 그러나 중생의 단정·엄숙한 모습이 아니라, 대우주 속에서 주저할 것도 두려울 것도 꺼릴 것도 없는 자신만만함, 흔들림 없는 부동의 모습을 여래의 단엄이라고 합니다.

④ **명칭(名稱)** : 자재하고 치성하고 단엄하신 '세존'의 이름은 천상천하에 널리 드러나, 그 이름만 들어도 악한 이는 두려움을 느껴 미리 항복을 하고, 선한 이는 잘 따르게 된다는 뜻을 지니고 있습니다.

⑤ **길상**(吉祥) : 모든 모순과 잘못된 것, 나쁜 것을 다 벗어버리고 좋은 것, 복된 것이 남김없이 모여 있다고 하여 길상이라고 합니다. 곧 세존은 길상의 응집체라고 할 수 있습니다.

⑥ **존귀**(尊貴) : 이상의 자재·치성·단엄·명칭·길상을 완벽하게 갖춘 세존은 천상천하의 어디를 가더라도 가장 거룩한 윗자리에 모셔지기 때문에 '존귀하다'고 하는 것입니다.

이상과 같은 여섯가지의 덕을 완전히 구비한 자는 부처님이라 할 수 있으며, '세존'이라는 존칭을 얻게 되는 것입니다.

무진의보살은 세상에서 가장 존귀한 분인 세존께 "관세음보살은 어떠한 인연으로 관세음이라는 이름을 얻게 되었나이까?"라는 질문을 던집니다. 과연 관세음보살은 왜 '관세음'으로 불리어지게 된 것일까? 부처님께서는 답의 첫머리에서 '관세음'의 의미와 함께 관음경에서 가장 핵심이 되는 가르침을 주십니다. 이제 이 소중한 첫 구절을 깊이깊이 음미해 봅시다.

<small>불 고 무 진 의 보 살</small>
佛告無盡意菩薩하사되
<small>선 남 자   약 유 무 량 백 천 만 억 중 생   수 제 고 뇌</small>
善男子야 **若有無量百千萬億衆生**이 **受諸苦惱**할

새 聞是觀世音菩薩하고 一心稱名하면 觀世音菩薩
_{문 시 관세음보살   일심칭명   관세음보살}
이 卽時에 觀其音聲하야 皆得解脫케하느니라
_{즉 시   관 기 음 성   개 득 해 탈}

부처님께서 무진의보살에게 이르셨다.

선남자여, 만약 백천만억의 한량없는 중생이 여러가지 괴로움을 받게 되었을 때 '관세음보살'이라는 이름을 듣고 일심으로 관세음보살의 명호를 부르면, 관세음보살은 즉시에 그 음성을 관하여 모두에게 해탈을 얻을 수 있게 하느니라.

관세음보살. 앞의 장에서 우리는, 중생의 소리와 진리의 소리를 들으면서 중생과 진리를 생각하고 중생을 위해 진리대로 실천하는 분, 그리하여 나와 남이 함께 전진하고 향상하고 발전하는데 이바지하는 분이 '관세음보살'이라는 정의를 내려보았습니다.

이제 부처님께서는 무진의보살이 질문한 '관세음보살이라는 이름으로 불리어지게 된 까닭'에 대해 답변을 시작하십니다. 그런데 이 부처님의 말씀을 '불고(佛告)'로 표현하였습니다. 요즘에는 이를 '부처님께서 고하시다'로 많이 번역하는데, 옛 어른들은 반드시 '부처님께서 이르시다'라고 못을 박았습니다. 알린다·발표한다는 뜻을 지닌 '고하다' 보다, 알아듣게 말한다·깨닫게 한다는 뜻을 지닌 '이르다' 가 더 적절한 번역이기 때문입니다.

부처님께서는 답변의 첫머리에서 '선남자여' 라고 하셨습니다. 선남자(善男子)를 그대로 번역하면 '착한 남자' 가 되지만, 현대식으로 바꾸면 '여러분' 이 됩니다. 부처님께서 '여러분이여' 하시고서 '관세음' 의 뜻을 밝히신 것입니다.

관세음(觀世音)을 그대로 번역하면 '세상의 소리를 관한다' 는 것입니다. 이 가운데 '세(世)' 는 중생의 세계, 곧 중생계(衆生界)입니다. 범위를 넓히면 **백천만억의 한량없는 중생**〔無量百千萬億衆生〕의 세계요, 좁히면 **여러가지 괴로움을 받고 있는 수제고뇌**〔受諸苦惱〕 중생입니다.

그리고 '음(音)' 은 중생의 소리입니다. 어떠한 중생의 소리인가? 고뇌(苦惱)의 소리, 괴로움과 번뇌의 소리입니다. 고통의 소리뿐만이 아니라 근심·걱정·회한·짜증·신경질이 모두 포함됩니다.

그런데 고뇌 속의 중생이 **관세음보살의 이름을 듣고 관세음보살의 명호를 일심으로 부르면**〔聞是觀世音菩薩 一心稱名〕 관세음보살께서 그 중생의 괴로움과 근심과 소원을 '관(觀)' 한다는 것입니다.

관! 관(觀)은 '볼 관' 자입니다. 마음으로 마음을 관하는 것입니다. 마음과 마음이 통하는 것입니다. 만약 관세음보살님이 중생의 소리를 듣고 해탈을 시켜주신다면 그 이름을 '문세음(聞世音)'이라 했을 것입니다. 그런데 '관'이라고 하신 까닭은, 관세음보살께서 마음으로 중생의 소리를 관하고 중생의 생각을 관하여 그 고통을 해탈시켜 주시기 때문입니다.

마음으로 괴로움에 찬 중생의 소리를 관하시는 분. 그리하여 고통과 번뇌를 해탈시켜 주시는 분. 그 분께서는 우리에게 다른 무엇을 요구하지 않습니다. 오직 일심칭명(一心稱名)을 강조하고 있습니다. 일심으로 명호를 부르면 **관세음보살께서 즉시에 그 음성을 관하여 해탈을 얻게 해주신다**(觀世音菩薩 卽時 觀其音聲 皆得解脫)는 것입니다.

문제는 '나'의 일심칭명입니다. 일심칭명(一心稱名)! 이 일심칭명을 분명히 알면 관세음보살과 하나가 되어 일체의 고뇌를 쉽게 넘어 설 수가 있습니다. 그렇다면 일심칭명이란 과연 어떠한 것인가? 한 편의 이야기와 함께 일심칭명의 참 뜻을 되새겨 보도록 합시다.

1920년대, 일본 오사카시 변두리에 있는 조그마한 어촌(魚

村)에 어린 두 딸을 둔 부부가 있었습니다. 그런데 큰딸이 세 살, 작은딸이 돌도 되기 전에 남편이 동네 주막집의 여자와 눈이 맞아 도망을 쳤습니다.

원망스럽기 그지없는 남편…. 그러나 그녀는 원망과 배신감 속에 묻혀 살 여유조차 없었습니다. 혼자서 어린 두 딸을 키우기 위해 이웃을 찾아다니며 구걸도 하고 날품팔이도 하였습니다. 그리고 갖은 고생 끝에 조그마한 세탁소를 차려 두 딸과 단란한 생활을 할 수 있게 되었습니다.

어느덧 장성을 한 큰딸은 결혼을 하여 데릴사위를 데리고 왔고, 작은딸은 결혼을 하여 집을 떠나갔습니다. 그들은 지난 세월의 아픔을 모두 잊고 편안하게 살고 있었습니다.

그런데 겨울철 어느 날 새벽, 처자식을 버리고 도망을 쳤던 남편이 갑자기 나타났습니다. 남편은 50대 초반의 나이였지만 칠십 먹은 노인처럼 주름진 얼굴에 한쪽 다리는 불구가 되어 목발을 짚고 있었습니다.

"여보, 내가 잘못했소. 용서해 주시구려."

순간 부인의 입에서는 수십년동안 눌러왔던 원망과 분노가 한꺼번에 터져 나왔습니다. 너무나 저주스러워 찬바람이 몰아치는 마당에 남편을 세워두고 할 소리 못할 소리 가리지 않고 욕을 퍼부었습니다. 마침 사위가 야근으로 집을 비웠던 터라, 큰

딸도 뛰어나와 아버지에게 온갖 원망을 다 내뱉었습니다. 용서를 빌기 위해 찾아온 남편을 그들 모녀는 끝내 받아주지 않았습니다.

노인은 다리를 절며 쓸쓸히 그 집을 떠나갔고, 이튿날 아침 신문에는 투신자살을 한 남편의 사진과 기사가 실려있었습니다. 하지만 그들 모녀는 모른 척 했습니다.

'우리 때문에 죽은 것이 아니야. 우리를 버린 것은 그 사람이야. 잘못은 그 사람에게 있어.'

그렇게 부인도 큰딸도 자위를 하면서 그 사실을 비밀로 간직한 채 굳게 입을 닫았습니다. 당사자인 어머니와 딸 사이에서도 그 사건에 대해 말은 일체하지 않았습니다.

그리고 몇 달후, 큰딸이 사내 아기를 낳았는데, 말을 하지 못하는 벙어리였습니다. 부모는 아이를 안고 여러 병원을 찾아다녔지만, 아이는 일곱 살이 될 때까지 전혀 말을 하지 못했습니다. 마침내 부인은 큰딸과 손자를 데리고 염불 수행을 중심으로 삼는 동본원사(東本願寺)계통의 절을 찾아가 스님께 매달렸습니다.

"스님, 이 아이는 제 손자인데, 아직도 말을 하지 못합니다. 내년에 학교를 보내야 하는데 말을 못하니 농아학교를 보낼 수밖에 없습니다. 어린 것을 부모가 없는 다른 지방의 학교로 보

내려니 참으로 가슴이 아픕니다. 이 아이가 말을 할 수 있도록 어떻게 좀 해주세요."

스님은 참으로 난감하였지만, 근본 원리에 입각하여 답을 했습니다.

"대우주 법계의 모든 것은 원점에서부터 끝까지 순서대로 진행되게끔 되어있습니다. 따라서 이 세상에 태어난 저 아이는 다른 사람들처럼 마땅히 말을 할 수 있어야 합니다. 그런데 말을 하지 못한다는 것은 저 아이와 가장 가까운 사람이 마음속에 어떤 비밀을 간직하고서 '말하면 안돼. 말해서는 안돼. 말하지마' 라고 외치고 있기 때문입니다. 그 말할 수 없는 비밀이 저 아이를 벙어리로 만든 것입니다."

이 말이 떨어지기가 무섭게 부인과 큰딸은 파랗게 질려 오들오들 떨었습니다. 잠시 후 부인은 입을 열었습니다.

"스님, 제가 남편을 죽였습니다. 하지만 직접 죽인 것은 아닙니다."

그리고는 지난날의 이야기를 모두 털어놓았습니다. 조용히 듣고만 있던 스님은 부인의 이야기가 끝나자 말했습니다.

"남편을 주막으로 내쫓은 사람은 누구입니까? 부인께서는 하루종일 밖에서 일을 하고 온 남편을 따뜻하게 맞이하고 편안하게 쉬도록 해주셨습니까? '내가 남편을 내쫓았다' 는 생각은 하지 못하고 부인께서는 처자식을 버리고 떠나간 남편에게 저주만 퍼부었지 않습니까? 더욱이 남편은 가족들을 잊지 못하고 한 평생을 죄의식 속에서 지내다가 마지막에 용서를 구하기 위해 찾아오지 않았습니까?"

스님의 말씀을 듣고 부인은 한참동안 멍하니 앉았다가 말했습니다.

"저는 이제까지 제 잘못이라는 생각을 하지 못했습니다. 모두가 남편의 잘못이요 남편이 저지른 일이라고 생각했습니다. 그런데 스님의 이야기를 듣고 보니 제가 참으로 몹쓸 인간입니다. 하나에서 열까지 모두 제 잘못입니다. 모두가 제 탓이요 제 잘못입니다."

그리고는 대성통곡을 하기 시작하였고, 곁에 있던 딸도 어머니를 따라 통곡을 하였습니다. 순간적으로 자기의 잘못을 철저히 반성하고 터뜨리는 참회의 통곡! 거짓도 꾸밈도 과장도 없는 참회의 통곡. 뼈마디마디에서 우러나오는, 골수에서 터져나오는 참회의 통곡이 너무나 거룩하여 스님은 부처님의 법문을 듣듯이 합장을 하고 조용히 듣고 있었습니다.

바로 그 순간, 바깥에서 놀던 아이가 할머니와 어머니의 통곡소리를 듣고 뛰어들어와서는 할머니의 목에 매달렸습니다. 그리고 말을 했습니다.

"할머니 할머니, 왜 울어? 엄마, 왜 울어?"

7년동안 '밥'이라는 한 단어, 아버지·엄마라는 단어조차도 내뱉지 못하던 아이가 마침내 말을 한 것입니다.

"이 아이가 말을 했어! 말을 했어! 아, 지금까지 이 못난 할미가 너의 입을 막고 있었구나. 이 나쁜 할미가 너의 입을…."

§

일심칭명(一心稱名)은 일념염불(一念念佛)과 같은 말입니다. 일심이 무엇이고 일념이 무엇입니까? 한마음이요 한 생각입니다. 솔직한 마음이요 순수한 생각입니다.

바로 모녀가 진심으로 참회를 하며 통곡을 했던 그 마음, 과장도 꾸밈도 없고 개인의 욕심이나 기대가 붙은 것도 아닌 그 솔직한 참회의 통곡이 일심이요 일념입니다. 솔직한 일심이요 순수한 일념이었기에 그녀는 한순간에 참회를 마쳤고, 마침내 굳게 닫혔던 아이의 말문이 터진 것입니다.

우리는 일심 또는 일념이라는 말을 참으로 자주 쏟아냅니다. 하지만 일심이나 일념은 쉽게 이루어지는 것이 아닙니다. 기도를 하거나 수행을 하거나 일을 하거나, 시간과 공간을 뛰어넘는 차원에 가야 이루어질 수 있습니다.

바꾸어 말하면 시간과 공간을 초월하여 모든 것을 이루어 낼 수 있는 원바탕이 일심이요 일념인 것입니다. 따라서 근심 걱정과 괴로움에 처한 어떠한 중생이든 일심으로 관세음보살의 이름을 부르면 근심걱정과 괴로움을 능히 해결할 수 있습니다. 그것도 즉시에!

❁

지금은 돌아가셨지만, 울산 동강병원의 이사장으로 있던 박영철 선생을 아들로 둔 김보운화(金寶雲華)라는 보살님이 있었습니다. 불교에 대한 믿음이 독실하였던 보운화 보살은 절에 가는 것을 무엇보다 좋아하였습니다.

서울대학교 의과대학에 다니는 아들이 방학을 맞아 집에 올 때에도, 아들 곁에 있기보다는 절에 가기를 더 좋아하였습니다. 그것이 아들은 싫었습니다. 어머니를 부처님께 빼앗긴 듯 느껴졌습니다.

'엄마는 절 밖에 몰라. 나보다도 절이 더 좋은가봐.'

마침내 아들은 어머니를 미워하기에 이르렀고, 동시에 절을 싫어하고 불교를 싫어했습니다. 그러다가 6·25사변이 일어나자 아들 박영철은 군의관이 되어 7년을 복무했습니다.

그 7년동안 보운화보살은 옆구리를 방바닥에 댄 적이 없었습니다. 낮이건 밤이건 염주를 돌리며 '관세음보살'을 염하였고, 극히 피곤하면 벽에 기댄 채 잠깐씩 눈을 붙였습니다. 그야말로 무섭도록 관음정근을 한 것입니다.

그런데 어머니의 염불 정진한 덕은 그대로 아들에게 전해졌습니다. 아들이 위급한 고비에 처할 때마다 어머니의 외침이 들려와 위기를 면하였던 것입니다.

하루는 박영철 군의관이 막사에서 쉬고 있는데, 어머니의 다급한 음성이 비몽사몽간에 들려왔습니다.

"영철아! 어서 막사에서 나와 달려가거라. 어서!"

박영철은 얼떨결에 일어나 막사 밖으로 달려나갔고, 간발의 차로 적의 포탄이 막사 위에 떨어졌습니다. 또 하루는 구급차를 타고 가는데, 바로 옆에서 외치는 듯한 어머니의 큰 소리가 차 안에 울려 퍼졌습니다.

"영철아, 네가 왜 그 차를 타고 가느냐? 빨리 뛰어내려라. 빨리!"

박영철은 달리는 구급차의 문을 열고 뛰어내렸고, 차는 조금 더 나아가다가 지뢰를 밟아 산산조각이 나버렸습니다. 목숨이 경각에 달하는 상황에 처할 때마다 들려왔던 어머니의 외침! 7년만에 제대를 한 박영철은 어머니 앞에 무릎을 꿇고 앉아 울면서 사죄하였습니다.

"제가 학교를 다닐때, 어머니께서는 제 곁에 있는 것보다 절에 가는 것을 더 좋아하는듯이 느껴졌습니다. 그래서 어머니를 미워하고 절도 불교도 부처님도 싫어하였습니다. 그런데 군의

관 생활 7년동안, 꼭 죽을 고비를 어머니의 기도 덕분에 여러 차례 무사히 넘겼습니다. 제가 이제껏 살아있는 것은 모두가 어머니의 지극한 정진력 덕분입니다. 어머니! 어머니를 미워하고 불교를 싫어했던 이 못난 자식을 용서해 주십시오."

❦

보운화보살의 염불은 당신 자신의 수행력을 높여주었을 뿐아니라 아들의 생명까지 구해주었습니다. 지극한 일심칭명(一心稱名)! 보운화 보살처럼 일심으로 관세음보살을 부르면 관세음보살은 즉시에 그 음성을 들으시고 해탈을 얻게 해주십니다.

상식의 선에서 생각해 보십시오. 울산에서 관세음보살을 부르는데 전방의 막사나 전쟁터에 있는 아들 귀에 어떻게 어머니의 외침이 들릴 수 있겠습니까? 하지만 관세음보살을 부르는 어머니의 일심은 시간과 공간을 초월하고 있습니다. 일심으로 일념으로 염불을 하면, 부지런히 노력하여 일념을 이루면, 관세음보살은 그 즉시에 음성을 듣고 관찰하시어 해탈을 얻도록 해주시는 것입니다.

이렇듯 상상도 할 수 없고 추측도 할 수 없는 것·이것이 관세음보살의 가피력이요 부처님의 가피력이며, 법계의 가피력이요 기적입니다. 분명히 믿으십시오. 일심칭명을 하면 상식을 초월한 기적과 가피력이 반드시 임하게 됩니다. 그것도 즉시(卽時)에, 가장 적절한 그때 그 장소에서 실제로 이루어집니다.

대부분의 불자들은 관음기도를 중생의 욕심으로 시작을 합니다. 그리고 그 욕심을 채워주기를 기대하면서 매달립니다. 그러나 처음의 마음과는 달리 시간이 지날수록 '안되면 어쩌지?' 하는 의심을 일으키고 게으름도 부립니다. 이렇게 되면 기도가 욕심과 기대로 끝나버립니다.

하지만 믿음을 가지고 꾸준히 계속하면 욕심으로 시작한 기도가 시간이 지나면서 일심으로 바뀌고, 일심이 되면 제3의 세계인 삼매(三昧)속으로 빠져듭니다. 그리고 바로 그 순간 즉시해탈(卽時解脫)이 이루어지는 것입니다. 꼭 기억하십시오.

"일심칭명(一心稱名)하면 즉시해탈(卽時解脫)이다."

부디 이를 명심하여, 관세음보살의 대자비속에서 잘 염불하고 잘 기도하고 잘 정진하는 여법(如法)한 불자가 되기를 축원드립니다.

재난의 소멸

若有持是觀世音菩薩名者는 設入大火라도 火
不能燒하나니 由是菩薩의 威神力故니라
若爲大水所漂라도 稱其名號하면 卽得淺處하며
若有百千萬億衆生이 爲求金銀琉璃硨磲
瑪瑙珊瑚琥珀眞珠等寶하야 入於大海할새
假使黑風이 吹其船舫하야 飄墮羅刹鬼國이
라도 其中에 若有乃至一人이라도 稱觀世音菩

薩_살名_명者_자면 是_시諸_제人_인等_등이 皆_개得_득解_해脫_탈羅_나刹_찰之_지難_난하나니 以_이是_시因_인緣_연으로 名_명觀_관世_세音_음이니라

만약 이 관세음보살의 명호를 기억하고 외우는 이가 있다면, 설령 큰 불 속에 들어가게 될지라도 불이 그를 태우지 못하나니, 이는 관세음보살의 위신력 때문이니라.

또 큰물에 빠져 표류할지라도 그 명호를 부르면 곧 얕은 곳에 이르게 되느니라.

만약 백천만억의 중생이 금·은·유리·자거·마노·산호·호박·진주 등의 보배를 구하기 위하여 큰 바다로 나아갔다가 모진 바람을 만나 배가 나찰귀의 나라에 이르게 되었을지라도, 그 가운데 한 사람만이라도 관세음보살의 명호를 부르는 자가 있으면 모든 사람들이 나찰의 환란을 해탈하게 되나니, 이러한 인연으로 인해 이름을 '관세음'이라 하느니라.

이제 부처님께서는 관세음보살의 구원능력을 크게 세 단락으로 나누어 구체적으로 설하시기 시작합니다. 그 첫 번째 단락은 입〔口〕으로 '관세음보살'을 부를 때〔稱名〕 인간의 삶 속에서 겪게 되는 7난(七難)의 재앙을 면하게 된다고 하셨습니다. 7난 중 앞의 셋은 이 관음경의 본문에서 살펴본 바와 같으며, 이를 더

욱 요약하면 다음과 같습니다.

① 설령 큰불에 들어갈지라도 불이 능히 태우지 못한다 [火難]
② 큰물에 빠져 표류할지라도 능히 벗어난다 [水難]
③ 모진 바람을 만나 죽음이 임박했더라도 능히 해탈을 얻는다 [風難]

세 가지 재난인 화난·수난·풍난은 흔히들 삼재(三災)라고 일컫는 화재(火災)·수재(水災)·풍재(風災)로서, 인간 세상을 파괴하는 가장 기본적인 큰 재난입니다. 이 세 가지 재앙이 덮치면 참으로 많은 사람들이 속수무책으로 당하고 맙니다.

과학이 발달함에 따라 기상예보가 정확해지고 사전대비가 철저해졌지만, 아직도 선진국에서는 이상고온으로 수만 명이 죽어가고 토네이도 등의 바람으로 인해 가옥 등이 순식간에 풍비박산이 됩니다. 우리 나라에서는 거의 매년 물난리를 겪고 있습니다.

삼재는 참으로 무섭습니다. 삼재가 닥치면 누가 불행에 처할지 알 수가 없습니다. 그런데 묘한 것은 요즈음 사람입니다. 지구촌 곳곳에서 매년 번갈아 가며 당하는 지구 전체의 불행을 쉽게도 잊어버립니다. 그리고 관심을 '나'나 가족의 개인적인 삼재에만 둡니다.

많은 불자들이 정초가 되면, 개인에게 찾아드는 불행을 피하기 위해 삼재부적(三災符籍)을 구입하여 집안에 붙이거나 몸에 지닙니다. 그러나 삼재는 부적을 붙인다고 하여 막을 수 있는 것이 아닙니다. 부적보다는 마음이 흔들리지 않아야 합니다. 마음이 흔들리지 않으면 삼재가 다가오고 싶어도 다가오지 않습니다.

관음염불! '관세음보살'을 부르며 꾸준히 정진하면 마음이 흔들리지 않고, 흔들리지 않으면 삼재가 찾아올 수 없으며, 자연 평화로운 삶을 누리게 되는 것입니다.

중국 송나라 때 도학군자(道學君子)로 유명한 정명도(程明道) 선생이 계셨습니다. 어느 날 동생 정이천(程伊川)과 함께 연회에 참석한 정명도 선생은 술에 취하여 기생을 포옹하고 어루만지며 한껏 기분을 내었습니다. 그 모습을 옆에서 지켜보던 동생 정이천은 심히 못마땅했습니다.

'천하의 도학군자로 칭송 받고 있는 형님이 저토록 추한 짓을 하다니!'

정이천은 집으로 돌아와 잠자리에 들 때까지도 형님의 행동을 이해할 수 없었습니다. 이튿날 날이 밝기가 무섭게 정이천은 형님을 찾아가서 따졌습니다.

"형님과 같은 분이 술자리에서 어찌 그토록 추한 자태를 보일 수가 있습니까? 평범한 선비라 할지라도 어젯밤과 같은 행동은 하지 않습니다."

"아우야! 나는 그 기생을 어젯밤에 그 자리에서 놓고 왔는데, 너는 아직까지 그 연회의 자리에 있네 그려."

이 말씀에 정이천은 깊은 깨우침을 얻었다고 합니다.

이렇듯 정명도 선생은 초탈하기 그지없었지만, 어느 날 동정호에서 나룻배를 탔을 때 특이한 체험을 했습니다. 배가 막 출발하려 할 때 허름한 차림새의 스님 한 분이 올라타더니, 뱃머리 쪽으로 가서 걸망을 베고 눕는 것이었습니다.

얼마 뒤 배가 호수 중앙에 이르렀을 때 거대한 바람과 함께 배가 심하게 출렁이기 시작하였고, 배를 탄 사람들이 하나같이 토를 하였습니다. 정명도 선생도 참고 또 참다가 견디지 못하여 토를 하였고, 옷까지 더럽혔습니다. 하지만 스님은 처음의 누운 자세에서 조금도 변함이 없었습니다.

'모든 사람이 멀미를 견디지 못하여 토를 하고 야단인데, 어떻게 저 스님은 끄덕도 없는 것일까?'

궁금증을 떨쳐버릴 수 없었던 정명도 선생은 배가 목적지에 닿자마자 스님께 물었습니다.

"대사, 배 안이 그렇게 난리가 났는데, 어떻게 대사는 끄덕도 않으셨소?"

"그래요? 나는 배를 안 탔거든요."

☸

'배를 타지 않았다'는 스님의 말씀! 배를 탔으니까 흔들렸지 배를 타지 않았으니까 흔들릴 것이 있으며 토할 것이 있느냐는 것입니다. 원점에서 배를 탔다는 생각조차도 없으면 배를 탄 것이 아니요 뱃멀미를 할 까닭도 없다는 말씀입니다. 이 말씀에 천하의 도학군자인 정명도 선생이 '공부인으로서 크게 부끄러움을 느꼈다'고 합니다.

이처럼 '나'의 생각이 흔들리지 않으면 어떠한 상황에도 걸림이 없게 됩니다. 하지만 흔들리면 모든 것이 문제가 됩니다. 심하게 흔들리면 삼재뿐만이 아니라 모든 재앙이 찾아들기 마련입니다. 뜻하지 않은 재앙이 찾아들어 우리의 삶을 엉망으로 만들어 버립니다.

그럼 무엇에 흔들리지 말아야 하는가? 바로 진화(瞋火)·치수(癡水)·탐풍(貪風)입니다. 탐·진·치의 삼독(三毒)이 그것입니다.

관음경에서는 큰 불(火)을 먼저 언급하였습니다. 진화(瞋火)! 불교에서는 탐·진·치 삼독 중에서 진(瞋), 곧 성을 내고 짜증을 부리고 신경질을 내는 것을 불에 비유합니다. 불끈 일어나는 그 성질이 불과도 같고, 그 분노가 커지면 큰 불과 같이 모든 것을 태워버리듯 주위를 지옥과 같은 상태로 만들어버리기 때문입니다.

바꾸어 말하면, 폭발하는 우리의 진심(瞋心)이 화재(火災)의 원인이 되기 때문에, 진심을 녹여버리면 불의 재앙은 저절로 사라져버립니다. 생각을 해보십시오. 화재의 원인, 화재의 씨앗인 진심이 없는데 어떻게 화재가 침범하며 불의 재앙이 있겠습니까? 그러므로 진심(瞋心)이 녹아버린 사람은 큰불에 들어간다 할지라도 불이 능히 그 사람을 태우지 못하는 것입니다.

그리고 아래로만 흘러내려 가는 물은 어리석음과 관련이 깊다고 하여 치수(癡水)라고 하는데, 치는 자기 세계에 빠져 이치를 이치대로, 일을 일 그대로 정확하게 판단하지 못하거나 받아들이지 못하는 것입니다. 또한 관음경에서 금·은 등의 칠보(七寶)를 구하러 바다로 나가는 것을 예로 들었지만, '나'에게 맞는 것을 갖고 싶어하고 먹고 싶어하고 얻고 싶어하는 탐욕의 마음은 바람처럼 홀연히 일어나 그 기세를 더한다고 하여 탐풍(貪風)이라고 합니다. 따라서 치심과 탐심이 사라지면 수재(水災)와 풍재(風災)는 '나'와 무관하게 되는 것입니다.

평소에 '관세음보살'을 부르면서 이와같은 원리에 입각하여 탐풍과 진화와 치수를 다스리는 이에게는 절대로 삼재가 범접할 수 없고, 뜻하지 않은 재난들이 찾아들 수 없습니다.

또한 평소에 염불을 하지 않는 사람일지라도 위급에 처하였을 그때 관세음보살을 지극히 부르면, 관음경에서 설하신 대로 관세음보살께서 능히 삼재로부터 해탈토록 해주십니다. 더 나아가 꾸준히 염불하면, 탐풍·진화·치수에 흔들리지 않는 경지에로까지 나아가도록 이끌어주시니, 그 자비를 어이 다 헤아릴 수 있겠습니까?

이상의 삼재에 관한 관음경의 경문은 특별히 어려운 내용이 없으므로 일일이 설명을 하지 않겠습니다. 다만 뒷부분의 '**한사람이라도 관세음보살의 명호를 부르면 모든 사람이 나찰의 환란을 해탈하게 되나니**'라고 한 부분을 옛 이야기를 통하여 이해를 돕고자 합니다.

중국 당나라 때의 조주(趙州) 땅에 종심(從諗 : 778~897)선사라는 분이 계셨습니다. 우리에게는 조주 선사라는 이름으로 더 널리 알려져 있는데, 그 분의 도력이 워낙 커서 머문 주의 이름을 호로 지어주었기 때문입니다.

어느 때 하북(河北)의 연왕(燕王)이 조주 땅을 점령하기 위해 전쟁을 일으켰습니다. 연왕의 군대가 조주 땅 가까이에 이르렀을 때, 연왕의 옆을 따르던 점성가가 갑자기 만류했습니다.

"왕이시여, 조주를 침략하지 않는 것이 좋겠습니다."

"이제와서 침략을 말라니? 그 까닭이 무엇이냐?"

"조주 땅으로부터 성스러운 기운이 뿜어 나오고 있습니다. 틀림없이 조주 땅에는 성인이 계실 것이옵니다. 성인이 사는 곳에서 싸우면 반드시 우리가 패할 것이옵니다."

이 말을 들은 연왕은 그 성인이 누구인지를 알아보게 하였고, 조주 관음원(觀音院)에 백세가 넘은 대도인 스님이 계신다는 말씀을 듣고 군사를 거두었습니다. 이어 연왕은 조주 땅의 조왕(趙王)과 화해를 하고 함께 조주스님께 나아가 법문을 들은 다음 귀의하였습니다.

8

120세를 살면서 수많은 이들을 깨달음의 세계로 인도하였던 조주스님. 그분의 마음은 법계와 한 덩어리인 원점에 있었습니다. 법계와 하나인 원점에 있었기 때문에 어떠한 어려움에 처하더라도 마음에 동요가 없으며, 그 하나의 기운으로 주위의 사람들까지 바로 잡아줍니다.

연왕이 군사를 거두고 귀의를 한 까닭은 바로 이것이었습니다. 조주스님과 같이 진실로 법계 전체와 한 덩어리가 된 분이 단 한 명이라도 있으면, 그분의 복과 인연공덕으로 인해 주변에 있는 사람들 모두가 환난으로부터 벗어날 수 있게 됩니다.

실로 이 조주스님의 경우처럼, 한 가족·한 집단·한 지역 중에서 한 사람이라도 관세음보살을 지극히 불러 관세음보살과 하나가 되는 삼매에 들게 되면, 그 한 가족·한 집단·한 지역 사람 모두가 재난으로부터 해탈을 얻을 수 있게 된다는 것을 잘 유념하시기 바랍니다.

若復有人이 臨當被害하야 稱觀世音菩薩名者면
彼所執刀杖이 尋段段壞하야 而得解脫하니라

또한 어떤 사람이 피해를 당하게 되었을 때 관세음보살의 명호를 부르면, 해치고자 했던 사람의 손에 들린 칼과 몽둥이가 조각조각 부서져 해탈을 얻게 되느니라.

이 구절은 7난 중 네 번째인 검난(劍難)에 대한 것입니다. '피해(被害)'라고 하면 재난·명예·신체상의 손해를 입는 것을 모두 뜻하지만, 여기에서는 죽음의 칼날이 목전에 다다른 검난을 벗어나는 것을 예로 들어 재물·명예 등의 손해까지를 저절로 이해시키고 있습니다. 한편의 옛 이야기를 소개하겠습니다.

중국 남북조 시절, 중조사(衆造寺)의 승려 혜화(惠和)는 출가 전 호족의 첩자로 활동하다가 관군에게 쫓기게 되었습니다. 그는 들에서 일하는 농부와 옷을 바꾸어 입고 고향으로 돌아가면서 관세음보살을 외우며 불안감을 달래었습니다. 그러나 거동을 수상하게 여긴 관군에게 잡혔고, 참형을 당할 날을 기다리며 생각했습니다.

'죽음을 눈앞에 둔 몸. 마지막으로 관세음보살님께 매달려보자. 가피를 입지 못한다 할지라도 저승길은 편하지 않겠는가.'

그는 간절히 기원하며 '관세음보살'을 불렀고, 마침내 참형의 시간이 다가왔습니다. 그는 끊임없이 관세음보살을 염하며 죽음의 칼을 받았습니다. 그런데 기적이 일어났습니다. 번득이는 칼날이 그의 목을 내리쳤건만, 목은 끊어지지 않고 칼이 부러졌습니다. 두 번 세 번 칼을 바꾸어 내리쳤지만 결과는 마찬가지였습니다.

이상히 여긴 집행관이 사연을 물었고, 집행관으로부터 사연을 전해들은 왕은 그를 살려주었으며, 살아난 그는 출가승려가 되어 관음신앙을 널리 전파하였습니다.

이러한 영험담은 참으로 많습니다. 간절하면 죽음의 고비도 능히 넘어설 수 있습니다. 하물며 경제적인 피해, 손상된 명예를 회복시키는 일이 어찌 어렵겠습니까?

그런데 죽을 목숨 살아난다는 것이 과연 가능한 일인가? 가능하다면 어떠한 원리에 의해 살아날 수 있는 것인가? 관세음보살의 명호를 부르며 '살려주십시오' 하고 간절히 매달리다가 홀연히 모든 번뇌가 사라진 삼매에 들게 되면, 우리의 마음에서 상대적인 생각, 해하려는 생각, 원망스런 생각들이 떨어져 나가면서 법계의 원점에 도달하게 됩니다.

법계의 원점! 거기에 어찌 검난이 있으며 죽음이 있겠습니까? 어찌 목숨을 끊는 칼이나 몸뚱이가 있겠습니까? 관세음보살님께 모든 것을 내맡겨 순간적으로나마 원점에 도달하였으니, 칼도 몸뚱이도 통하지 않는 삶을 능히 다시 얻게 되는 것입니다.

다 맡겨 원점으로 들어가는 염불! 원점에서 다시 살아나게 하는 '관세음보살' 염불! 이 원리를 잘 깨달아 꼭 염불가피를 성취하시기 바랍니다.

약삼천대천국토 만중한 야차나찰 욕래뇌인
若三千大千國土에 滿中한 夜叉羅刹이 欲來惱人

이라도 <ruby>聞其稱觀世音菩薩名者<rt>문기칭관세음보살명자</rt></ruby>면 <ruby>是諸惡鬼<rt>시제악귀</rt></ruby>가 <ruby>尙不<rt>상불</rt></ruby>
<ruby>能以惡眼視之<rt>능이악안시지</rt></ruby>커늘 <ruby>況復加害<rt>황부가해</rt></ruby>라

만약 삼천대천국토에 가득한 야차와 나찰들이 와서 사람을 괴롭히고자 하여도, 관세음보살의 명호를 부르는 소리를 듣게 되면 이 모든 악귀들이 그 사람을 악한 눈으로 볼 수조차 없게 되거늘, 어떻게 해를 입힐 수가 있겠느냐.

야차(夜叉)는 사람을 잡아먹는 식인귀(食人鬼)라고 하며, 나찰(羅刹)은 사람의 피를 빨아먹는 포악하고 무섭게 생긴 귀신이라고 합니다. 곧 악한 귀신에 의한 재난인 귀난(鬼難)을 이야기하고 있습니다.

야차와 나찰의 귀난을 보다 현실적으로 해석하면 '영(靈)의 괴롭힘'으로 풀이할 수 있습니다. 따라서 이러한 귀난은 아무에게나 다가오는 것이 아닙니다. 가슴에 응어리가 맺힌 영들이 스스로의 맺힌 한을 풀기 위해 살아있는 가족이나 복수를 해야 할 상대를 괴롭히는 것입니다.

물론 불자인 우리에게 응어리가 맺힌 영(靈)이 찾아온다면 그 영의 응어리를 풀어주어 좋은 세상으로 천도를 시켜야 합니다.

그리고 이때 필요한 것이 염불입니다. '나무아미타불' 또는 '관세음보살'을 염하면 능히 영가에게 밝은 빛을 비추어 응어리를 풀게 하고 바른 세상으로 나아가게 하기 때문입니다.

그러나 악귀, 구제하기 힘든 악귀가 침범한다면 어떻게 해야 하겠습니까? 하지만 조금도 걱정을 할 일이 아닙니다. 마음으로 관세음보살을 기리며 꾸준히 믿음을 실천하면 모든 악귀가 접근조차 하지 못하게 됩니다. 관음경의 말씀처럼 악귀의 눈으로는 관음행자(觀音行者)를 볼 수조차 없기 때문에!

더 근원적으로 이야기하면, 자비심으로 가득찬 관음행자에게는 살생의 검은 빛이 뿜어 나오지 않기 때문에 악귀들이 볼 수조차 없다는 것을 깨우쳐 주고 있는 것입니다.

설부유인 약유죄 약무죄 추계가쇄 검
設復有人이 若有罪어나 若無罪어나 杻械枷鎖로 檢
계기신 칭관세음보살명자 개실단괴
繫其身이라도 稱觀世音菩薩名者는 皆悉斷壞하야
즉득해탈
卽得解脫하나니라

또한 어떤 사람이 죄가 있거나 죄가 없거나 수갑과 쇠고랑과 나무찰로 씌워 그 몸을 결박당하게 되었을 때, 관세음보살의 명호를 부르면 모두 끊어지고 부수어져 곧 해탈을 얻게 되느니라.

이는 7난 중 여섯 번째인 옥란(獄難)에 대한 것으로, '관세음보살'을 열심히 부르면 감옥 속의 고통을 맞게 된 이들이 모두 자유로워진다는 희망찬 가르침입니다. 역사적으로 많은 인물들이 관음염불을 통하여 족쇄가 풀리고 포승줄이 끊어지는 기적, 사형을 면하고 감옥에서 풀려나는 기적을 남기고 있습니다. 여기에서는 현대의 대선사이신 금오(金烏 : 1896~1968)스님께서 젊었을 때 체험한 옥중탈출기를 소개하겠습니다.

1920년대 초기, 금오스님은 당대의 선지식인 수월(水月)스님을 뵙고 지도를 받기 위해 만주 봉천으로 향했습니다. 그런데 조선과 만주와 러시아 땅이 합해지는 회령지방을 조금 지나 막 러시아 땅에 발을 들여놓았을 때, 마적떼들이 어느 부잣집을 털다가 반항하는 주인을 죽인 강도살인사건이 일어났습니다.

갑자기 남편을 잃은 부잣집 안 주인은 제정신이 아니었고, 범인 검거에 혈안이 되어있던 러시아 경찰들은 불심검문을 하다가 우람하게 생긴 금오스님을 체포하여 그 부인에게 보였습니다.

"이 사람이 그 마적떼 속에 있었소?"

"그런 것 같아요. 마적떼 두목과 비슷하게 생겼어요."

제정신이 아닌 부인의 말 한마디에 금오스님은 완전히 범인으로 몰려 감옥에 갇히게 되었고, 고문을 당하며 자백을 강요받아야 했습니다.

"나는 도를 닦는 승려요. 마적떼가 아니요."

러시아 경찰은 믿지 않고 밤낮없이 며칠동안 고문을 계속하다가, 갑자기 고문을 멈추고 감옥에만 가두어 놓는 것이었습니다. 어느덧 두 달 가까운 세월이 흘렀고, 풀려나기만 기다리던 금오스님은 새로 감옥에 들어온 조선인 교사로부터 뜻밖의 이야기를 들었습니다.

"스님, 범인은 이미 잡혔습니다."

"그런데 왜 나를 석방시켜 주지 않는 건가요?"

"스님은 이 감옥에서 나가시기 어려울 겁니다. 자신들의 잘못을 긍정하기 싫어하는 러시아 사람들은 말썽거리가 생기는 것을 원치 않으므로, 종종 죄없는 사람들이 감옥에서 죽도록 내버려둡니다. 더군다나 보복을 두려워한 그 부잣집 안주인이 돈을 써서 스님을 풀어주지 못하도록 하였으니…."

옥중에서도 참선을 하며 하루하루를 잘 버티었던 금오스님은 참으로 난감하고 다급해졌습니다.

'큰일났구나. 이 감옥에서 살다가 죽어야 하다니! 이토록 억울한 일이 어디에 있는가? 필경 불보살님의 가피를 입어 탈출하는 수밖에는 딴 도리가 없겠구나.'

금오스님은 감옥에서 가부좌를 틀고 앉아 '관세음보살'의 명호를 부르기 시작했습니다. 참선도 화두도 그만두고 오로지 관세음보살의 구원만을 갈구하며 부지런히 염불을 하였습니다.

그런데 사흘째 되던 날 밤, 어떤 사람이 철창 바깥에 나타나 감방 안을 들여다보더니 주위를 살피는 것이었습니다. 그리고 보는 사람이 없음을 확인한 그가 쇠창살 두 개를 잡고 쑥 뽑아올리자, 쇠창살이 그대로 빠져버렸습니다. 그는 뽑힌 쇠창살 사이로 고개를 들이밀어 스님을 향해 빙그레 웃고는, 다시 쇠창살을 꽂아놓고 사라졌습니다.

비몽사몽간에 이 일을 접한 금오스님이 자리에서 일어나 쇠창살 두 개를 뽑자 너무나 쉽게 쑥 뽑히는 것이었습니다. 철창을 통해 감방을 빠져나온 스님은 형무소 문 쪽으로 다가갔고, 때마침 문지기가 졸고 있어 몰래 기어 나올 수 있었습니다.

금오스님은 이렇게 완전히 형무소를 탈출하여 달려가다가 다리가 아파 수수밭에서 쉬고 있었습니다. 그런데 갑자기 말을 탄 간수들이 나타나 수색을 하기 시작했습니다. 스님이 다시 안전한 곳을 찾아 피하고자 할 때, 한 간수가 말을 몰아오더니 잡으려고는 하지 않고 묻기만 하는 것이었습니다.

"탈옥수 한 명이 지나가는 것을 보지 못하였소?"

"보지 못했는데요."

"이상하다. 어디로 사라졌지?"

그는 더 이상 묻지 않고 다른 곳으로 달려갔습니다.

'죄수복을 입은 나를 보고도 나인 줄 모르다니! 이것이 관세음보살님의 가피로구나.'

스님은 관세음보살님의 은혜에 크게 감격하면서, 만주 봉천의 깊은 산림 속 토굴에 계신 수월스님을 찾아가 1년 동안 모시고 열심히 정진한 다음 귀국하였습니다.

8

이와같이 옥중에서의 관음기도를 통하여 가피를 입으셨던 금오스님은 후일 후학들을 지도하면서 그때의 일을 자주 들려주시며 말씀하셨습니다.

"수행인도 문제가 있을 때는 불보살님께 기도를 하는 것이 좋다."

이 금오스님의 말씀처럼, 일반인만이 아니라 수행자들도 장애가 있으면 한바탕의 기도를 하는 것이 바람직합니다. 기도를 하면서 원(願)을 새롭게 가꾸고, 가피를 입을 일이 있으면 가피를 받을 수 있도록 노력을 해야 합니다.

특히 목숨과 관련된 일이라면 일념으로 '관세음보살'을 부르며 기도를 해보십시오. 지금 옥중에서 새 삶을 얻고자 하는 분들 또한 '관세음보살'을 부르며 한바탕 열심히 기도를 해보십시오. 관음경의 말씀 그대로, 틀림없이 관세음보살님께서 어느 순간에 즉득해탈(卽得解脫)을 선사할 것입니다.

若三千大千國土_에 滿中_한 怨賊_에 有一商主_가 將諸商人_{하야} 齎持重寶_{하고} 經過險路_{할새} 其中一人_이 作是唱言_{호되}
諸善男子_여 勿得恐怖_{하고} 汝等_은 應當一心_{으로} 稱觀世音菩薩名號_{하라} 是菩薩_이 能以無畏_로 施於衆生_{하나니} 汝等_이 若稱名者_면 於此怨賊_에 當得解脫_{하리라}
衆商人_이 聞_{하고} 俱發聲言_{호되} 南無觀世音菩薩

하면 ^{칭기명고}稱其名故로 ^{즉시해탈}卽得解脫하리니 ^{무진의}無盡意야 ^{관세음보살마하살}觀世音菩薩摩訶薩의 ^{위신지력}威神之力이 ^{외외}巍巍 ^{여시}如是하니라.

만약 삼천대천국토 중의 도적떼가 가득한 곳을 한 상주(商主)가 여러 상인들을 거느리고 값진 보배를 휴대하여 험한 길을 지나갈 때 그 가운데 한 사람이 말하기를,

"선남자들이여, 두려워 하지 말라. 그대들은 마땅히 일심으로 관세음보살의 명호를 불러라. 이 보살은 능히 '두려움 없음〔無畏〕'을 중생들에게 베풀어주신다. 그대들이 만약 그 명호를 부른다면 도적떼의 피해를 반드시 벗어나리라."

여러 상인들이 이 말을 듣고 함께 '나무관세음보살'을 부르면, 그 명호를 부르는 공덕으로 곧 해탈을 얻게 되느니라.

무진의여, 관세음보살마하살의 위신력은 이와같이 높고 크느니라.

일반적으로는 이 구절을 7난 중 적난(賊難), 곧 도적떼로부터의 재난을 면하게 해주는 것으로 많이들 해석을 합니다. 그러나 그 범위가 도적만으로 한정되는 것이 아니라, 원한을 맺은 자, 난폭한 자, 적군 등 공포를 안겨주고 불안감을 느끼게 하는

존재들 모두가 '원적(怨賊)'이라는 단어 속에 포함이 됩니다.

중생이 품고 있는 모든 두려움! 그 모든 두려움을 관세음보살께서는 벗어나게 해주십니다. 한 마디로 관세음보살님은 두려움을 없애주는 무외시(無畏施)의 보살입니다. 포탄이 떨어지는 곳에서도 관세음보살과 함께 하면 두려움이 사라지고 안전해집니다. 특히 함께 합심하여 관세음보살의 명호를 부르면 그 힘이 더욱 커져 모두가 아무런 탈없이 무사해집니다.

경상남도 고성군 옥천사(玉泉寺)에 담력도 크고 가끔씩 괴이한 행동을 하는 오관수 스님이 계셨습니다. 스님은 6·25사변 말기에 포탄이 떨어지는 일선 쪽으로 가서 군인들을 돕는 노무자들과 함께 생활을 했습니다. 그들 속에서 동사섭(同事攝)을 실천하신 것입니다.

스님은 같은 노무자가 되어 그들을 설득했습니다.

"모두 함께 장단을 맞추어 '관세음보살'을 부르며 일합시다. 관세음보살을 부르고 있는 동안에는 틀림없이 무사할 수 있습니다."

총알과 지뢰와 포탄 속에서 벌벌 떨고 있던 노무자들은 범상치 않은 오관수 스님의 가르침에 따라 삽질을 하면서도 '관세음보살', 포탄을 나르면서도 '관세음보살'을 외쳤습니다.

이렇게 소리를 맞추어 '관세음보살 관세음보살'을 하다보니, 얼마 지나지 않아 불안감이 사라졌고 두려움 없이 일을 하게 되었습니다. 일의 능률이 올랐던 것은 말할 것도 없고, 모두가 포탄이나 지뢰의 피해를 한 차례도 입지 않았다고 합니다.

6·25사변 후 오관수 스님을 진주 의곡사에서 뵙게 되었을 때, 스님은 이 이야기를 들려주시며 힘주어 말씀하셨습니다.

"관세음보살의 가피력이 결코 거짓이 아니라는 것을 나는 체험을 했지. 그 많은 노무자들에게 어떠한 탈도 일어나지 않았으니 말일세. 참으로 함께 관세음보살을 부르는 공덕은 불가사의한 것이야."

험악한 요즈음의 사회! 참으로 두렵고 불안한 사건들이 많이 일어납니다. 그래서 세상 살기가 두렵다고들 합니다. 이러한 때 일수록 우리 불자들은 우리의 가족을 위해 관세음보살을 부르며 축원을 해야 합니다. 두려움에 떨고 있는 주위의 사람들에게 관세음보살을 불러 평온함을 얻을 것을 권해주어야 합니다.

이제까지 살펴본 화난(火難)·수난(水難)·풍난(風難)·검난(劍難)·귀난(鬼難)·옥난(獄難)·적난(賊難). 관세음보살님은 이 7난만을 면하게 해주시는 분이 아닙니다. 일체의 두려움을 면하게 해 주시는 분입니다.

위신력이 한없이 크고 높은 그분은 걸림도 없고 장애도 없고 어려움도 없는 분이요 마냥 편안하고 안온하기만 한 분이기에, 어떠한 중생이든 그분과 함께 하면 모든 재난이 소멸되고 저절로 편안해지는 것입니다. 이것이 관세음보살님의 무외시요 위신력입니다.

이제 우리는 믿어야 합니다. 관세음보살님과 함께 할 때 일어나게 되는 기적을! 하지만 그것은 중생 쪽의 기적일 뿐 관세음보살님의 기적이 아닙니다. 그 기적은 관세음보살님의 원력(願力)이요 우리들 본바탕의 평온함입니다.

도저히 인간의 상상으로 미치지 못하는 것이 관세음보살의 거룩함이지만, 누구나 그 분의 명호를 부르다보면 기적이라고 할 만한 일들을 얼마든지 체험할 수가 있습니다. 그야말로 대자비 관음의 무한 가피 속에서….

공경예배와 소원성취

若有衆生이
_{약유중생}

多於淫欲이라도 常念恭敬觀世音菩薩하면 便得離
_{다어음욕}   _{상념공경관세음보살}   _{변득이}

欲하며
_욕

若多瞋恚라도 常念恭敬觀世音菩薩하면 便得離
_{약다진에}   _{상념공경관세음보살}   _{변득이}

瞋하며
_진

若多愚癡라도 常念恭敬觀世音菩薩하면 便得離癡
_{약다우치}   _{상념공경관세음보살}   _{변득이치}

하나니

無盡意여 觀世音菩薩이 有如是等大威神力하야
多所饒益일새 是故로 衆生이 常應心念이니라

만약 어떤 중생이
　음욕심이 많을지라도 관세음보살을 항상 공경히 생각하면 문득 음욕을 여의고,
　만약 성을 잘 낼지라도 관세음보살을 항상 공경히 생각하면 문득 성냄을 여의며,
　만약 어리석음이 많을지라도 관세음보살을 항상 공경히 생각하면 문득 어리석음을 여의느니라.
　무진의여, 관세음보살에게는 이와같은 대위신력이 있어 넉넉하고 풍족하게 이익을 베풀어 주나니, 그러므로 중생들은 항상 마음으로 생각해야 하느니라.

　이 구절은 관세음보살의 두 번째 구원능력을 설한 단락입니다. 곧 마음〔意〕으로 관세음보살을 항상 공경히 생각하면 삼독(三毒)의 독소가 녹아 내린다는 것을 밝힌 대목입니다.

① 음욕심이 많은 이가 관세음보살을 공경히 생각하면 청량을 얻을 수

있고,
② 성내기를 잘 하는 이가 관세음보살을 공경히 생각하면 평온함을 이룰 수 있으며,
③ 어리석음이 많은 이가 관세음보살을 공경히 생각하면 지혜를 이룰 수 있습니다.

먼저 음욕심과 관련된 영험담 한 편을 소개하겠습니다.

옛날, 전라남도 화순군 남면 유마리에 살았던 한 청년은 남달리 음욕심이 강하였습니다. 여인을 보면 자신도 모르게 음욕심이 샘솟아 유혹하고 희롱을 하다가 매를 맞고 망신을 당하는 일이 많았습니다. 넘쳐나는 음욕심을 어떻게 할 수 없었던 청년은 관세음보살님께 기원했습니다.

'관세음보살님, 주체하지 못하는 저의 음욕심을 보살님의 자비로 거두어 주옵소서.'

어느 날 유마운(維摩雲)이라는 늙은 처사가 보안(普安)이라는 꽃다운 딸을 데려와 조그마한 유마사를 지었고, 절에 와서 처녀를 본 청년은 그 절세의 미모에 반하였습니다. 음욕심을 없애달라는 기도는 여인을 갖게 해달라는 기도로 바뀌었고, 마침

내 청년은 은밀하게 그녀를 찾아가 불타는 정욕을 호소하였습니다.

뜻밖에도 보안은 '그렇느냐'며 다정하게 청년을 맞아 주었습니다. 안심을 한 청년이 몸을 더듬자 그녀는 살짝살짝 피하며 법당으로 그를 인도했습니다. 보안은 법당 벽에 걸린 두루마리로 된 관세음보살 탱화를 떼어내어 법당 바닥에 깔았습니다. 그리고 그 위에 몸을 뉘였습니다. 청년이 당황하며 말했습니다.

"어떻게 관세음보살님 위에서 그 짓을 할 수 있습니까?"

이제까지 다정스러운 미소를 보내고 있던 보안은 정색을 하며 꾸짖었습니다.

"어찌 죽은 관세음보살은 두려워할 줄 알면서 살아 있는 관세음보살은 두려워할 줄 모르는가?"

그 한마디에 청년은 온 몸이 굳는 것을 느꼈습니다. 그리고 심한 공포심이 휘몰아침과 동시에 음욕심이 모두 사라져 버렸습니다. 청년은 그 자리에서 참회했습니다.

"대자대비하신 관세음보살님이시여, 모든 죄를 참회하오니 굽어 살펴주옵소서. 이제부터는 불도를 닦으며 불사(佛事)를 돕겠나이다."

순간 처녀 보안은 온데간데 없이 사라졌고, 청년은 출가하여 도를 닦으며 유마사를 대찰로 만들었다고 합니다.

이밖에도 『삼국유사』에 기록되어 우리에게 널리 알려져 있는 낙산사 조신(調信)스님의 사랑과 꿈이야기, 중국 협부(陝府)에 화현하였던 관세음보살과 마랑(馬郞)의 이야기는 음욕심을 녹아 내리게 한 대표적인 영험담입니다.

우리가 관세음보살의 대자대비를 항상 생각할진대, 어떻게 음욕이나 탐욕에 빠지겠습니까? 처음에는 강하던 음욕도 차츰 누그러지면서 뭇 생명 있는 자를 살리고자 하는 자비심을 갖추게 됩니다. 가을 바람처럼 청량하고 맑은 사랑. 이것이 자비가 아니고 무엇이겠습니까?

또한 평소에 성을 잘 내고 신경질이나 짜증을 잘 내는 사람들도 관세음보살을 마음에 담으면 고요함과 평화로움을 이룰 수 있습니다. 왜 입니까? 성내고 짜증내고 신경질을 내는 것은 '나'의 마음대로 되지 않는데서 비롯되는 것인데, 관세음보살의 자비와 가피력을 생각하며 관세음보살께 의지하면, '나'라는 헛된 자존심이 사라지면서 모든 것을 자연스럽게 받아들이고 역경을 잘 극복하게 되기 때문입니다.

또한 우치는 마음의 산란스러움에서 비롯됩니다. 그런데 다른 마음이 움직일 여지가 없이 관세음보살을 생각하고, 분별심이 일어날 때마다 관세음보살님께 돌아가면, 어찌 산란한 마음의 파도가 계속되며 의심·고집·편견 등을 일으킬 수 있겠습니까? 마음으로 공경히 관세음보살을 염하면 저절로 마음이 고요해지면서 우치가 사라지고 지혜가 발현되는 것입니다. 나아가 유명한 역경승(譯經僧) 구나발마(求那跋摩)스님처럼 불망지(不忘智)도 얻을 수 있습니다.

구나발마 스님은 인도 계빈국의 왕자로 태어났습니다. 20세에 출가하여 경·율·논·삼장(三藏)을 두루 통달하셨고, 30세에 부왕이 죽자 왕위를 계승할 것을 강요 당하였지만 깊은 산중으로 자취를 감추었다가 사자국으로 건너가 불법을 널리 폈습니다.

431년, 송나라 문제(文帝)는 스님을 중국으로 초청하여 극진히 영접하고, 승려 7백명을 모아 화엄십지경을 강의하여 줄 것을 청하였습니다. 그러나 스님은 중국어를 전혀 할 줄 몰랐으므로 강의를 하고 싶어도 할 수가 없었습니다.

'내가 무엇 때문에 이 머나먼 중국 땅에까지 왔던가? 불법을 펴기 위해 온 것이 아니던가? 그런데 말조차도 통하지 않다니…'

이를 부끄럽게 여긴 스님은 아침 저녁으로 관세음보살을 마음에 담으며 정성껏 기도를 드렸습니다. 그리고 백일을 기도하였을 때 꿈에 신인(神人)이 나타나서 물었습니다.

"스님께서는 중국어를 익히면 될텐데 왜 기도만 하십니까?"

"제 나이가 이미 오십이 넘어 쉽게 기억을 할 수가 없습니다. 언제 중국말을 배워 불법을 중국 땅에 펴겠습니까? 오직 관세음보살님의 가피로 들으면 잊지 않는 불망지(不忘智)를 이루기가 소원입니다."

"그렇다면 소원을 들어드리리다."

신인은 칼을 들어 순식간에 스님의 머리와 다른 사람의 머리를 베어 바꾸어서 붙여 주었습니다.

그 꿈을 꾸고 난 다음, 구나발마 스님은 중국어에 통달하여 『법화경』·『십지경(十地經)』등을 종횡무진으로 설하였을 뿐아니라, 『보살선계경(菩薩善戒經)』등 10부 18권의 책을 번역하며 역경사(譯經史)에 빛나는 공적을 남겼습니다.

༄

요즈음도 관음기도를 통하여 머리가 비상하게 좋아지고 학업성취를 이룬 경우는 자주 접할 수가 있습니다.

음욕심·성냄·우치를 청량과 평온함과 지혜로 바꾸는 것은 결코 어려운 일이 아닙니다. 관세음보살과 하나가 되는 원점의 자리로 돌아가면 모든 것이 다 이루어집니다. 관세음보살을 생각하는 그 일념! 일념으로 완전히 '나'를 잊고 하나가 된 그 자리에는 다른 생각이 일어날 틈이 없습니다. 따라서 일념이 된 원점의 자리에서는 탐·진·치의 삼독심이 녹아 내리지 않을 수 없고, 모든 고난들이 저절로 소멸되는 것입니다.

이제 우리가 해야할 바는 **상념공경(常念恭敬)**입니다. 관세음보살을 항상 공경히 생각하면 원점에 이르러 모든 문제를 해결하고 해탈을 얻을 수 있습니다. 그런데 여기에서 참으로 주의를 해야 하는 단어가 있습니다. 그것은 '공경(恭敬)'입니다. 과연 어떻게 하는 것이 공경인가?

이제 관음신앙과는 직접 관련이 없지만 내가 살면서 참으로 감명을 받았던 공경스러운 스님이야기를 하고자 합니다. 왜냐하면 이 '공경' 이야말로 관음신앙 뿐아니라 모든 불교공부의 근본바탕이 되기 때문입니다.

지금 김천의 황악산 깊은 산중에 은거하여 계시다가 2004년에 아흔이 넘어 입적하신 관응(觀應)큰스님께서, 50대에 전국 포교사로 순회포교를 하고 다닐 때 체험한 일입니다.

부산의 대각사에서는 불에 탄 법당을 중건하고자 대구 송림사의 전탑에서 나온 5색 사리를 모셔와 친견법회를 여는 것과 동시에, 관응스님을 법사로 모시고 7일동안『선문촬요(禪門撮要)』 강설법회를 열었습니다.

그런데 참으로 묘한 인연이었습니다. 당시 대각사에는 자칭 『선문촬요』를 '전공과목'이라 하시고,『선문촬요』법문의 제1 인자로 인정받고 있었던 설봉(雪峰)노스님께서 머물고 계셨습니다.

도인(道人)으로 추앙 받았던 설봉노스님께서는 가끔씩 특이한 행을 보였습니다. 3~4개월마다 한 번씩 3주일 정도 곡차를 드시는데, 곡차의 바람이 불면 한 장의 담요를 발가벗은 몸에 두른 채 밥 한톨 국수 한 가닥 입에 대지 않고 낮이건 밤이건 곡차만 드셨습니다.

탁주·소주·정종 할 것 없이 방에 한 말·두 말을 넣어 드리면 하루에 다 녹아나버리고, '곡차를 드시는 스님이 밉다'며 한 사발만을 넣어드리면 그 한 사발로 하루종일 드셨습니다. 그리고 아무도 듣는 사람도 상대 해주는 사람도 없건만 끊임없이 육두문자를 외쳤습니다. 당시 우리는 스님의 이 법문을 '이해하거나 알아들을 사람이 아무도 없다'고 하여 '대승법문(大乘法門)'이라 하였습니다.

관응큰스님이 대각사에서『선문촬요』를 강설하고 있을 그때, 설봉노스님의 대승법문 또한 한창 때였습니다. 7일의『선문촬요』 강설법회가 최고조로 무르익은 5일째 되는 날, 곡차에 잔뜩 취한 설봉노스님께서 군용담요를 걸치고 법회장으로 들어와서는 법상(法床) 정면에 두 무릎을 세우고 앉으시더니, 관응스님을 노려보며 소리쳤습니다.

"야! 책의 말을 하려거든 책에 있는 말만 하고, 네 말을 하려거든 네 말만 해!"

설봉노스님은 그 말씀만 하고 방으로 돌아갔지만, 그 한마디가 법회자리를 완전히 부수어 버렸습니다. 그 당시에는 관응스님의 법력(法力)이 설봉노스님께 미치지 못하였기 때문에, 관응스님으로서는 법회의 분위기를 되돌릴 수가 없어 썰렁하게 끝을 맺었습니다.

그날 밤 설봉노스님은 관응스님의 방으로 다시 찾아가 오른쪽 무릎을 꿇고 왼쪽 무릎을 세우는 우슬착지(右膝着地)의 자세로 넌지시 절을 하며 말씀하셨습니다.

"진작 큰스님을 찾아 뵙고 가르침을 청했어야 하는데, 놈이 워낙 미련해서 그러지를 못했습니다."

그리고는 설봉노스님이 즐겨 질문하는 한가지 화두(話頭)를 던졌습니다.

"이심전심(以心傳心)의 심법(心法)은 한 곳에서만 전하여도 되는데〔一處傳心〕, 세존께서는 왜 삼처전심(三處傳心)을 하셨습니까?"

그러나 술에 취한데다 틀니까지 뽑아 놓아 혀가 꼬인 설봉노스님의 음성을 관응스님은 전혀 알아듣지 못했습니다.

"스님, 뭐라고 하셨습니까?"

설봉노스님이 전심전력을 다해 내리친 칼날을 '뭐라고 하셨습니까?'라는 말로 살짝 비켜감에 따라, 꾸며도 그렇게 될 수 없는 묘한 문답이 된 것입니다. 설봉노스님은 관응스님을 조용히 노려보시다가 다시 질문을 했습니다.

"세존께서는 일처전심만 하셔도 되는데 왜 삼처전심을 하셨습니까?"

관응스님은 또 알아듣지 못하여 되물었습니다.

"스님, 뭐라고 하셨습니까?"

또다시 온 힘을 다해 내리친 칼날을 부채로 살랑 받는 것과 같은 묘한 상황이 되었습니다. 마침내 설봉스님은 표정이 바뀌었습니다.

'요것 봐라. 감히 나에게 막 칼질을 해?'

이렇게 생각하며 설봉스님은 세 번째로 같은 질문을 던졌습니다.

"세존께서는 일처전심만 하셔도 되는데 왜 삼처전심을 하셨습니까?"

이번에도 관응스님으로부터 같은 대답이 돌아오면 날벼락이 떨어질 긴장된 상황에서, 설봉노스님을 시봉하고 있던 고경스님이 곁에 있다가 설봉노스님의 질문을 관응스님께 또렷이 전달해 드렸습니다. 순간 관응스님은 무릎을 꿇고 답했습니다.

"스님, 소승은 답을 모릅니다."

설봉노스님은 화가 잔뜩 난 듯한 표정으로 한동안 관응스님을 노려보시다가, '대화를 할 가치도 없다' 는 듯이 당신의 방으로 말없이 돌아갔습니다.

이튿날, 점심공양을 마친 관응스님은 가사장삼을 수하고 설봉스님의 방으로 들어가 정중히 법문을 청하였습니다. 약 두 시간이 지난 뒤 관응스님은 설봉노스님께 절을 올리며 말했습니다.

"한평생을 부처님의 경을 많이 읽고 스님들의 법문을 많이 들었지만 모두가 헛일이었습니다. 오늘 스님 앞에서 들은 이 두 시간의 법문이야말로 진실한 부처님의 가르침이었습니다."

그 다음날, 7일 동안의 『선문촬요』강설법회를 회향한 관응스님이 서울로 떠나려 할 때 담요를 걸친 설봉노스님이 마당으로 나오셨고, 관응스님은 땅바닥에 엎드려 설봉노스님께 공경히 삼배를 올렸습니다. 법문을 들은 판사·의사·공무원 등의 부산 유지들이 관응스님을 배웅하는 그 자리에서, 남들이 '술주정뱅이'라고 손가락질을 하는 스님께 땅바닥에 엎드려 예를 올린 것입니다.

§

나는 그때 관응큰스님의 거룩한 모습을 보았습니다. 조금도 속이지 않는 진정한 구도자의 모습을 보면서 '참으로 진실한 어른이요 거룩한 어른'이라 생각하였고, 그 후부터 나는 곳곳의 법회장에 가서 '우리 후학들이 꼭 본받아야 할 모습'이라며 관응큰스님의 거룩한 신심을 자랑하고 있습니다.

대각사를 떠난 관응큰스님은 곧바로 서울 천축사의 무문관(無門關)으로 들어가 6년 수행을 하셨습니다. 그리고 정진을 마친 다음부터 지금까지 스님은 당신의 수행살림을 일체 표현을 하지 않고 계십니다. 누가 고리를 걸려 하면 살랑 넘어갈 뿐, 당신의 칼을 내보이지 않았습니다.

관응큰스님의 이 거룩한 모습이 바로 '항상 공경히 생각하는 **상념공경**(常念恭敬)'이요, 우리가 관세음보살을 상념공경할 때 관세음보살께서 언제나 넉넉하고 풍족하고 만족스럽게 이익을 베풀어 주시는 **요익**(饒益)을 시현하게 된다는 것을 꼭 기억하시기 바랍니다.

若有女人이 設欲求男하야 禮拜供養觀世音菩
薩하면 便生福德智慧之男하고
設欲求女하면 便生端正有相之女하나니
宿植德本하야 衆人이 愛敬이니라
無盡意여 觀世音菩薩은 有如是力하나니라

만약 어떠한 여인이 아들을 얻고자 하여 관세음보살에게 예배를 하고 공양을 하면 복덕과 지혜를 갖춘 아들을 낳고,

딸을 얻고자 하면 문득 인물이 단정하고 아름다운 딸을 낳으리니,

그 자녀들은 숙세에 덕의 근본을 심었기 때문에 많은 사람들의 사랑과 존경을 받느니라.

무진의여, 관세음보살은 이와같은 힘이 있느니라.

이 구절은 관세음보살님께 몸〔身〕으로 예배하고 공양을 하면 훌륭한 자녀를 얻게 된다는 것을 밝히고 있습니다. 실로 관세음

보살님 전에 기도하여 자식을 얻었다는 영험담은 일일이 셀 수도 없을 만큼 많이 전합니다. 그 가운데 한 편을 소개하겠습니다.

조선시대 말기와 일제강점기에 살았던 매하(梅下) 최영년(崔永年)은 문장이 뛰어난 석학(碩學)이요 시인(詩人)으로 이름난 분입니다. 그의 아버지는 늦도록 자식이 없자, 서울 자하문 밖의 옥천암(玉泉庵) 해수관음상 앞에서 삼칠일(21일)동안 생남기도(生男祈禱)를 올렸습니다.

"관세음보살님이시여, 아들을 점지하여 주시되, 재주가 비상한 문장가를 점지하여 주옵소서."

아버지는 기도 회향일 새벽에 잠깐 꿈을 꾸었는데, 점잖은 중년 부인이 양쪽 팔에 옥동자(玉童子)와 석동자(石童子)를 안고 와서 묻는 것이었습니다.

"이 옥동자와 석동자 중에서 어느 것을 갖기를 원하느냐?"

"이왕이면 옥동자를 주십시오."

"이 옥동자는 네 복에 지나치다. 석동자를 가지고 가거라. 이 석동자만하여도 그대가 원하는 재주가 비상한 문장가는 되느니라."

"그러시다면 석동자를 주십시오."

마음에 섭섭하기는 하였지만 석동자를 받고 깨어보니 꿈이었습니다. 과연 그 뒤에 부인에게 태기가 있었고 아들을 낳았습니다. 그가 최영년이며, 얼굴모습이 꿈에 받은 석동자와 꼭 닮아 있었습니다.

아버지는 석동자를 받았으므로 돌처럼 병도 없고 수명 장수하리라 여겼는데, 과연 최영년은 무병장수 하였습니다. 그리고 장성하여 정만조(鄭萬朝) · 여하정(呂荷亭)등과 어깨를 겨룰만한 문장가로서 이름을 떨쳤습니다.

§

만약 최영년의 아버지가 삼칠일이 아닌 백일기도를 하였다면 옥동자를 받았을 것입니다. 왜냐하면 기도에도 인과가 있기 때문입니다. 곧 정성을 많이 기울였으면 더 좋은 결과가 돌아오기 마련인 것입니다.

그런데 관세음보살님만이 아니라 다른 불보살님께 올리는 기도에도 반드시 '기도시험'이 있다는 것을 우리는 알아야 합니다. 이 말이 무슨 뜻인가? 기도를 하여 아들 · 딸이나 사위 · 며느리, 상좌 등을 얻게 되었을 경우, 처음부터 '마음에 딱 맞는다'고 느껴지는 사람이 오지 않는다는 것입니다. 오히려 처음에는 '아이구, 저런 게…' 하는 생각이 드는 사람이 옵니다. 이것이 불보살님의 기도시험입니다.

❦

일제강점기에 해인사에 계셨던 우련스님은 상좌가 없어서 관세음보살님께 백일기도를 올렸습니다. 그리고 기도 회향일에 새까맣고 꼴불견인 아이가 찾아와 하는 수 없이 상좌로 맞아들였습니다. 우련스님은 그와 같은 상좌에 대해 불만이 없지 않아 평소에 자주 말씀하셨습니다.

"쯧쯧, 백일기도 회향일에 들어왔기에 할 수 없이 상좌로 삼았어. 어찌 저런 걸 보냈을꼬?"

하지만 그 상좌가 자라 뒷날 백용성(白龍城)스님의 율맥(律脈)을 이은 경하(景霞)스님이 되었으니, 우련스님의 기도가 어찌 그릇된 결과를 낳았다고 하겠습니까?

❦

해인사 희랑대의 현응스님도 나반존자께 '좋은 상좌 하나 점지해주소서' 하며 백일기도를 하여 얻게 된 상좌가 몽견선생(夢見先生)입니다. 눈만 초롱할 뿐 잘생기지 못한 이 상좌에 대해 현응스님은 만족을 하지 못하였지만, 몽견선생은 대판의전(大阪醫專)을 나와 만주에 불교병원을 세워 사람들을 치료하였으며, 병원에 부처님을 모시고 많은 이들에게 염불을 권하고 불교를 가르치며 일생을 보냈습니다.

우리는 기도 끝에 시험이 있다는 것을 잊지 말아야 합니다. 처음에는 당장 눈에 딱 드는 사람이 오지 않는 경우가 많습니다. 그러나 '기도 덕으로 얻은 사람'이라는 생각을 품고서 키우고 같이 있다보면, 남보다 더 뛰어난 면이 있는 사람, 사회의 어느 한쪽을 능히 지탱하는 사람이 됩니다.

그러므로 나는 '이 기도시험에 속지 말 것'을 당부 드립니다. 스스로가 행한 기도를 믿고, 또 불보살님을 믿고 기도할 때와 같은 마음으로 아들딸을 키우고 며느리와 사위를 데리고 살아야 합니다. 우리가 스스로 속을 뿐, 불보살님은 절대로 중생을 속이는 법이 없습니다.

이제 부처님께서는 관세음보살의 구원능력을 결론 지으며 우리 중생들에게 거듭 확신을 심어주십니다.

若有衆生이 恭敬禮拜觀世音菩薩하면 福不唐捐하나니 是故로 衆生은 皆應受持觀世音菩薩名號니라

만약 어떠한 중생이라도 관세음보살을 공경하고 예배하면 그 복이 헛되지 않나니, 이와같은 까닭으로 중생은 마땅히 관세음보살의 명호를 수지해야 하느니라.

부디 이 말씀을 잘 명심하시어, 관세음보살을 마음으로 공경히 생각하고 입으로 염불하고 몸으로 예배하는 진정한 관음행자가 되십시오. 그 복이 결코 헛되지 않아, 관세음보살의 대자대비 속에서 반드시 소원을 성취하고 대해탈을 얻게 될 것입니다.

근기따라 나투시는 응신

^{무진의} ^{약유인} ^{수지육십이억항하사보살}
無盡意야 若有人이 受持六十二億恒河沙菩薩
^{명자} ^{부진형} ^{공양음식의복와구의약}
名字하고 復盡形토록 供養飮食衣服臥具醫藥하면
^{어여의운하} ^{시선남자선여인} ^{공덕} ^{다부}
於汝意云何오 是善男子善女人의 功德이 多不아
^{무진의언} ^{심다} ^{세존}
無盡意言하사대 甚多니다 世尊이시여
^{불언} ^{약부유인} ^{수지관세음보살명호}
佛言하사대 若復有人이 受持觀世音菩薩名號하되
^{내지일시} ^{예배공양} ^{시이인} ^복 ^{정등무}
乃至一時라도 禮拜供養하면 是二人의 福이 正等無
^이 ^{어백천만억겁} ^{불가궁진}
異하야 於百千萬億劫에 不可窮盡이니라

無盡意여 受持觀世音菩薩名號하면 得如是無量
無邊福德之利하니라

　무진의여, 만약 어떤 사람이 62억 항하의 모래알수처럼 많은 보살의 이름을 받아 지니고, 다시 그의 목숨이 다할 때까지 음식과 의복과 침구와 의약으로 공양을 한다면, 네 생각은 어떠하냐? 이 선남자 선여인의 공덕이 많겠느냐? 적겠느냐?
　무진의보살이 사뢰었다.
　매우 많겠나이다, 세존이시여.
　부처님께서 이르셨다.
　만약 또 다른 어떤 사람이 있어 관세음보살의 명호를 받아 지니고[受持] 한때라도 예배공양을 하면 이 두사람의 복이 꼭 같아 다름이 없으며, 백천만억겁이 지날지라도 그 복은 다함이 없느니라.
　무진의여, 관세음보살의 이름을 받아 지니면 이와같이 한량이 없고 끝이 없는 복덕의 이익을 얻게 되느니라.

　이제 부처님께서는 관세음보살의 이름을 받아 지니고[受持] 예배공양하는 공덕이 얼마나 큰지를 설하셨습니다.
　62억의 항하, 곧 62억개의 갠지스강에 있는 모래알의 수만큼 많은 보살님들의 명호를 수지한다는 것은 감히 상상하기조차 어려운 일입니다. 이 얼마나 무량한 일입니까? 그런데 그것도 모자라, 목숨이 다할 때까지 그 무수한 보살님들께 음식·의복·침구·의약을 공양한다는 것입니다. 정녕 이렇게만 할 수 있다면 무량공덕(無量功德)이라 하지 않을 수가 없습니다.

그런데 부처님께서는 관세음보살의 명호를 받아 지니고 한때라도 예배공양을 하면, 62억 항하의 모래알 수만큼이나 많은 보살님들의 명호를 수지하고 목숨이 다할 때까지 끊임없이 공양을 올린 것과 조금도 다를 바가 없다고 하였습니다.

그렇다면 이것이야말로 불가사의한 것입니다. 평생토록 무수한 보살님께 4가지 공양을 올리는 것과 관세음보살님께 잠시 예배공양을 올리는 공덕이 같다는 것!

이제 스스로에게 물어보십시오. 이 불가사의한 말씀에 대해 믿음이 갑니까? 남들이 찾으니까 나도 관세음보살을 찾고, 구원 능력이 뛰어나다고 하니까 구원을 받고자 하는 '나'의 입장에서 볼 때 진정으로 이해가 갑니까?

참으로 묘한 말씀이라고 생각하는 이들도 있을 것입니다. 그러나 부처님의 이 말씀은 조금도 이치에 벗어난 말씀이 아닙니다. 분명한 까닭이 있기 때문에 이와같이 말씀을 하신 것입니다. 그 까닭이 무엇인가? 크게 몇 가지로 나누어 살펴 볼 수 있습니다.

첫째는 관세음보살의 본원(本願), 곧 근본서원이 그와같기 때문입니다. 관세음보살께서는 보살도(菩薩道)를 행할 때 지극한 서원(誓願)을 세웠습니다.

"중생이 갖가지 공포와 고뇌로 말미암아 근심과 고독과 궁핍 속에 처하고도 구호를 받지 못하여 아무런 일도 할 수 없을 때, 만약 나를 생각하고 나의 명호를 부른다면, 나는 어느 곳에서라도 천 개의 귀로써 듣고 천 개의 눈으로 보아 그들을 고뇌로부터 구제할 것이다. 만약 한 사람이라도 나를 생각하고 나의 명호를 불러 그 고뇌를 피할 수 없는 이가 있다면 나는 영원히 성불하지 않겠다." 『悲華經』

'중생을 고뇌로부터 구제하지 못하면 영원히 성불하지 않겠다.' 바로 여기에 '관세음보살의 명호를 수지하고 한때라도 예배공양을 하는 이가 무량공덕을 이루는 까닭'이 담겨져 있습니다. 곧 관세음보살님은 다른 보살들과는 달리 괴로움을 뿌리 뽑아 행복하게 해주겠다는 발고여락(拔苦與樂)을 근본서원으로 삼고 있을 뿐입니다. 그야말로 대자비(大慈悲) 그 자체일 뿐입니다.

따라서 관세음보살님께 예배공양함이 비록 한때일지라도 대자비의 기운이 '나' 속에 깃들고 '나' 또한 대자비의 본원 속으로 나아가게 되므로, '나'는 무수한 보살님들께 평생토록 공양을 올리는 것에 조금도 모자라지 않는 무량공덕을 이루어 행복한 삶을 영위하게 된다는 것입니다.

두 번째는 관세음보살님의 능력이 일반 보살들보다 훨씬 뛰어나기 때문입니다. 『대비경(大悲經)』에는 다음과 같은 석가모니불의 말씀이 있습니다.

"아난아, 이 보살의 이름은 관세자재(觀世自在)이며, 이 보살에게는 불가사의한 위신력(威神力)이 있느니라. 이 보살은 이미 과거 무량겁 전에 성불하였으니, 이름이 정법명왕여래(正法明王如來)였느니라. 그러나 대비원력(大悲願力)으로 일체의 보살을 발심시키고, 모든 중생을 제도하여 안락하게 해주기 위해 다시 보살로 화현한 것이니라."

부처님과 보살의 구원능력이 다름은 너무나 자명한 일! 더 이상의 설명은 필요하지 않을 것입니다.

아울러 이 『관음경』의 말씀 속에는 다른 가르침도 담겨져 있습니다. 그 하나가, '관세음보살님께 의지하는 관음행자는 오직 관세음보살께 귀의하여 나아갈 뿐, 이것저것을 찾지 말라'는 가르침입니다.

수행을 하는 이나 기도를 하는 이들 중에는 '무엇이 좋다'고 하면 그것을 좇아가는 이들이 많습니다. 관음기도를 하다가도 영가천도에는 지장보살이 좋다고 하면 지장기도로 바꾸고, 극락왕생에는 아미타불이 으뜸이라고 하면 미타염불로 바꾸는 이들이 있습니다.

그러나 이렇게 쉽게 바꾸면 참으로 기도나 수행이 '도로아미타불'이 되어 버립니다. 분명한 믿음으로 꾸준히 나아가면 관세음보살을 염하여 쌓은 공덕으로 능히 영가천도도 이루고 극락왕생도 할 수 있는데, 마음이 동하는 바를 따라 자꾸만 바꾸다 보면 영가천도나 극락왕생은 고사하고 현실의 행복마저도 다가오지를 않게 됩니다.

이제 부처님께서는 이 『관음경』을 통하여 관음행자들의 바른 길을 분명히 밝혀주신 것입니다.

"관세음보살을 확실히 믿고 정성을 다해 나아가라. 이것이 최상의 공덕을 이루는 방법이다."

실로 우리가 관세음보살님을 흔들림 없이 믿고, '관세음보살'을 부르며 예배를 드리는 속에 우리의 번뇌와 고난을 모두 내맡기면, 우리는 틀림없이 이 법계에 가득찬 대자비의 기운과 하나가 되고, 마침내는 관세음보살님과 같은 구세대비자(救世大悲者)·구호고난자(救護苦難者)가 될 수 있습니다.

모름지기 수행이나 기도에 있어 많은 욕심을 내지 마십시오. 흔들림 없이, 할 수 있는 한 가지를 잘 하는 것이 수행이나 기도를 가장 빨리 성취할 수 있는 비결입니다.

수행이나 기도성취에 있어 가장 중요한 것이 '흔들리지 않는 자세' 라는 것을 익히 알고 계시는 부처님께서 잘 흔들리는 중생들에게 확신을 심어주기 위해, '62억 항하사 보살에 대한 평생 공양과 관세음보살에 대한 일시 예배공양' 을 말씀하셨다는 것을 우리는 분명히 이해할 수 있어야 할 것입니다.

또 한가지, 부처님께서는 관음행자들이 무량공덕을 이루는 방법을 명확히 밝혀주셨습니다. 그것이 무엇입니까?

① 관세음보살의 명호를 수지할 것.
② 한때라도 예배공양을 할 것.

이처럼 부처님께서는 많은 것을 요구하지 않았습니다. 음식·의복·침구 등의 공양을 올리라는 것이 아닙니다. 오직 관세음보살의 명호를 수지하고, 예배로써 공양하라는 것입니다. 그리고 이렇게만 하면 백천만억겁이 지날지라도 다하지 않는 복덕을 이룬다고 하셨습니다.

어찌 부처님께서 거짓 방편설로 이와같은 말씀을 하셨겠습니까? 부디 이 글을 읽는 불자들이 관세음보살의 명호를 수지하여 하루 한 때, 단 3배만이라도 정성껏 예배를 드리는 신행생활을 실천하시기를 청하여 봅니다.

_{무 진 의 보 살} _{백 불 언}
無盡意菩薩이 白佛言하사대
_{세존} _{관 세 음 보 살} _{운하유차사바세계} _운
世尊하 觀世音菩薩이 云何遊此娑婆世界하며 云
_{하 이 위 중 생} _{설법} _{방편지력} _{기 사 운 하}
何而爲衆生하야 說法하며 方便之力은 其事云何닛고

_{불 고 무 진 의 보 살}
佛告無盡意菩薩하사대
_{선 남 자} _{약 유 국 토 중 생}
善男子야 若有國土衆生이
_{응 이 불 신} _{득 도 자} _{관 세 음 보 살} _{즉 현 불 신}
應以佛身으로 得度者는 觀世音菩薩이 卽現佛身하
_{이 위 설 법}
야 而爲說法하며
_{응 이 벽 지 불 신} _{득 도 자} _{관 세 음 보 살} _{즉 현}
應以辟支佛身으로 得度者는 觀世音菩薩이 卽現
_{벽 지 불 신} _{이 위 설 법}
辟支佛身하야 而爲說法하며
_{응 이 성 문 신} _{득 도 자} _{즉 현 성 문 신} _{이 위 설}
應以聲聞身으로 得度者는 卽現聲聞身하야 而爲說

法_{하며}

應_응以_이梵_범王_왕身_신으로 得_득度_도者_자는 卽_즉現_현梵_범王_왕身_신하야 而_이爲_위説_설法_법하며

應_응以_이帝_제釋_석身_신으로 得_득度_도者_자는 卽_즉現_현帝_제釋_석身_신하야 而_이爲_위説_설法_법하며

應_응以_이自_자在_재天_천身_신으로 得_득度_도者_자는 卽_즉現_현自_자在_재天_천身_신하야 而_이爲_위説_설法_법하며

應_응以_이大_대自_자在_재天_천身_신으로 得_득度_도者_자는 卽_즉現_현大_대自_자在_재天_천身_신하야 而_이爲_위説_설法_법하며

應_응以_이天_천大_대將_장軍_군身_신으로 得_득度_도者_자는 卽_즉現_현天_천大_대將_장軍_군身_신하야 而_이爲_위説_설法_법하며

應_응以_이毘_비沙_사門_문身_신으로 得_득度_도者_자는 卽_즉現_현毘_비沙_사門_문身_신하야 而_이爲_위説_설法_법하며

근기따라 나투시는 응신

應以小王身으로 得度者는 卽現小王身하야 而爲說法하며

應以長者身으로 得度者는 卽現長者身하야 而爲說法하며

應以居士身으로 得度者는 卽現居士身하야 而爲說法하며

應以宰官身으로 得度者는 卽現宰官身하야 而爲說法하며

應以婆羅門身으로 得度者는 卽現婆羅門身하야 而爲說法하며

應以比丘 比丘尼 優婆塞 優婆夷身으로 得度者는 卽現比丘 比丘尼 優婆塞 優婆夷身하야 而爲說法하며

應以長者 居士 宰官 婆羅門의 婦女身으로 得度者는 卽現婦女身하야 而爲說法하며

應以童男童女身으로 得度者는 卽現童男童女身하야 而爲說法하며

應以天龍夜叉 乾闥婆阿修羅 迦樓羅 緊那羅 摩睺羅伽 人 非人 等身으로 得度者는 卽皆現之하야 而爲說法하며

應以執金剛神으로 得度者는 卽現執金剛神하야 而爲說法하느니라

無盡意여 是觀世音菩薩이 成就如是功德하야 以種種形으로 遊諸國土하며 度脫衆生하느니라 是故로 汝等이 應當一心으로 供養觀世音菩薩이니라

是觀世音菩薩摩訶薩이 於怖畏急難之中에

근기따라 나투시는 응신

能施無畏할새 是故로 此娑婆世界에서 皆號之
爲施無畏者라 하느니라

무진의보살이 부처님께 사뢰었다.

세존이시여, 관세음보살은 어떠한 모습으로 이 사바세계에서 노니시며, 어떠한 방법으로 중생을 위하여 법을 설하시며, 그 방편의 힘은 어떠하옵니까?

부처님께서 무진의보살에게 이르셨다.

선남자여, 만약 어떠한 국토의 중생이

① 부처님의 몸으로 응하여 제도를 해야 할 이가 있으면 관세음보살은 곧 부처님의 몸을 나타내어 그를 위해 법을 설하고,

② 벽지불(辟支佛)의 몸으로 응하여 제도를 해야 할 이가 있으면 곧 벽지불의 몸을 나타내어 법을 설하며,

③ 성문(聲聞)의 몸으로 응하여 제도를 해야 할 이가 있으면 곧 성문의 몸을 나타내어 법을 설하느니라.

④ 범천왕(梵天王)의 몸으로 응하여 제도를 해야 할 이가 있으면 곧 범천왕의 몸을 나타내어 법을 설하고,

⑤ 제석천왕(帝釋天王)의 몸으로 응하여 제도를 해야 할 이가 있으면 곧 제석천왕의 몸을 나타내어 법을 설하며,

⑥ 자재천(自在天)의 몸으로 응하여 제도를 해야 할 이가 있으면 곧 자재천의 몸을 나타내어 법을 설하며,

⑦ 대자재천(大自在天)의 몸으로 응하여 제도를 해야 할 이가 있으면 곧 대자재천의 몸을 나타내어 법을 설하며,

⑧ 하늘나라 대장군의 몸으로 응하여 제도를 해야 할 이가 있으면 곧 하늘나라 대장군의 몸을 나타내어 법을 설하며,

⑨ 비사문천왕(毘沙門天王)의 몸으로 응하여 제도를 해야 할 이가 있으면 곧 비사문천왕의 몸을 나타내어 법을 설하며,

⑩ 인간세계 왕의 몸으로 응하여 제도를 해야 할 이가 있으면 곧 인간세계 왕의 몸을 나타내어 법을 설하며,

⑪ 장자(長者)의 몸으로 응하여 제도를 해야 할 이가 있으면 곧 장자의 몸을 나타내어 법을 설하며,

⑫ 거사(居士)의 몸으로 응하여 제도를 해야 할 이가 있으면 곧 거사의 몸을 나타내어 법을 설하며,

⑬ 재상과 같은 관리의 몸으로 응하여 제도를 해야 할 이가 있으면 곧 재관(宰官)의 몸을 나타내어 법을 설하며,

⑭ 바라문의 몸으로 응하여 제도를 해야 할 이가 있으면 곧 바라문의 몸을 나타내어 법을 설하며,

⑮ 비구·비구니·우바새·우바이의 몸으로 응하여 제도를 해야 할 이가 있으면 곧 비구·비구니·우바새·우바이의 몸을 나타내어 법을 설하며,

⑯ 장자·거사·재관·바라문의 부녀자(婦女子)의 몸으로 응하여 제도를 해야 할 이가 있으면 곧 부녀자의 몸을 나타내어 법을 설하며,

⑰ 동남(童男)·동녀(童女)의 몸으로 응하여 제도를 해야 할 이가 있으면 곧 동남·동녀의 몸을 나타내어 법을 설하며,

⑱ 천·용·야차·건달바·아수라·가루라·긴나라·마후라가·인·비인 등의 몸으로 응하여 제도를 해야 할 이가 있으면 곧 그들의 몸을 나타내어 법을 설하며,

⑲ 집금강신(執金剛神)의 몸으로 응하여 제도를 해야 할 이가 있으면 곧 집금강신의 몸을 나타내어 법을 설하느니라.

무진의여, 관세음보살은 이와같이 공덕을 성취하여 다양한 모습으로 모든 국토를 노닐며 중생을 제도하고 해탈케 하느니라. 그러므로 너희들은 마땅히 일심으로 관세음보살을 공양할 지니라.

이 관세음보살마하살은 두렵고 급한 환란 속에 처했을 때 두려움 없음을 베풀어 주나니, 이와같은 까닭으로 사바세계에서 모두다 이르기를 '두려움 없음을 베푸는 이 [施無畏者]'라 하느니라.

이제 무진의보살은 부처님께 관세음보살에 대한 세 가지 궁금증을 여쭈어 봅니다.

① 관세음보살은 어떠한 모습으로 사바세계에 나타나는가?
② 관세음보살은 어떠한 방법으로 중생을 위해 법을 설하시는가?
③ 관세음보살님의 방편의 힘은 어떠한가?

이 세 가지 질문에 대해 부처님께서는 '응신(應身)'이라는 단어로 한꺼번에 답을 하십니다. 그 중생에게 가장 맞는 응신을 나타내어 적절한 법을 설함으로써 제도를 한다는 것입니다.

응신(應身)! 응신은 부처님의 세 가지 몸인 법신(法身) · 보신(報身) · 응신의 삼신(三身) 중 하나입니다. 잠깐 삼신에 대해 간략히 살펴봅시다.

법신(法身)은 이 법계에 충만되어 있는 법, 곧 진리를 인격화한 것으로, 부처님께서 이 진리를 체현하였으므로 자연히 이 법신을 회복해 가지게 된다는 것입니다. 따라서 이 법신은 수행의 결과로 얻게 되는 몸이 아니라, 본래부터 그렇게 존재하고 있는 진리 그 자체인 것입니다.

보신(報身)은 과보신입니다. 보살이 육바라밀 등의 수행을 통하여 서원을 완성하고 진리와 하나가 됨으로써 얻게 되는 원만 · 성취 · 진실한 부처님의 몸입니다. 일반적으로 가장 널리 꼽고 있는 보신불로는 아미타불 · 약사여래 등입니다.

응신(應身)은 제도를 해야 할 상대에 응하여 일시적으로 나타내는 적절한 모습의 몸입니다. 따라서 보신처럼 시방삼세에 걸쳐 보편적인 모습을 띤 몸이 아니라, 상대방에 따라 자유롭게 모습을 나타내게 됩니다.

이 『관음경』에서는 19단락의 문장을 통하여 관세음보살의 32응신을 열거하고 있습니다.

1.부처님 2.벽지불 3.성문 4.범천왕 5.제석천왕 6.자재천왕 7.대자재천왕 8.하늘대장군 9.비사문천왕 10.임금 11.장자 12.거사 13.재관(宰官) 14.바라문 15.비구 16.비구니 17.우바새 18.우바이 19.부인 20.동남 21.동녀 22.천 23.용 24.야차 25.건달바 26.아수라 27.가루라 28.긴나라 29.마후라가 30.인(人) 31.비인(非人) 32.집금강신

이상의 32응신은 『능엄경(楞嚴經)』에도 기록되어 있습니다. 다만 차이점은 『관음경』의 비사문천왕이 『능엄경』에는 사천왕으로 바뀌어져 있고, 『관음경』의 가루라와 집금강신이 『능엄경』에는 없는 대신 연각과 사천왕태자가 포함되어 있습니다. 어쨌거나 두 경전 다 32응신임에는 틀림이 없습니다.

그런데 『관음경』에서는 '어떠한 원을 지닌 중생을 위해' 관세음보살님께서 그와같은 응신을 나타내는지를 구체적으로 묘사하고 있지 않습니다. 예를 들어 어떠한 목표를 가진 이에게 범

천왕의 몸을 나타내느냐가 밝혀져 있지 않은 것입니다. 하지만 『능엄경』에는 이에 대해 구체적으로 언급이 되어 있습니다.

"만약 어떤 중생이 음욕의 마음을 분명히 깨닫고 음욕을 범하지 아니하여 몸이 깨끗해지면, 내가 그 앞에 범천왕의 몸을 나타내어 법을 설하여 해탈케 한다."

몇 가지만 더 예를 들겠습니다.

"어떤 여인이 집안 일이나 나라 일을 잘 다스리려 하면, 나는 그 앞에 왕비나 지체 높은 부인이나 여선생의 몸을 나타내어 법을 설하여 이루게 한다."

"만약 어떤 중생이 사람[人]이 되는 것을 좋아하여 사람이 될 수 있는 도를 닦으면, 나는 그 앞에 사람의 몸을 나타내어 법을 설하여 이루게 한다."

"만약 사람이 아닌 이[非人]로서 형상이 있는 존재[有形]나 형상이 없는 존재[無形], 생각이 있는 존재[有想], 생각이 없는 존재[無想]의 무리에서 벗어나고자 하면, 내가 그 앞에 각각 그들의 몸을 나타내어 법을 설하여 이루게 한다."

이와같이 관세음보살님은 관세음보살을 부르고 예배공양을 하는 그 중생에게 가장 적절한 모습을 나타내어 법을 설하여 주십니다. 무슨 법을 설하여 주시는가? 바로 해탈법(解脫法), 소원 성취법을 설하여 주십니다. 물론 설한다고 하여 말만 하는 것이 아닙니다. 적절한 행동을 취하거나 감로수·약·책 등의 무엇인가를 주어 원을 성취시켜 주십니다.

이렇듯 관세음보살님은 단순하게 고난의 문제만을 해결해 주시는 분이 아닙니다. 보살님의 궁극 목표는 득도(得度)에 있습니다.

득도의 '도(度)'는 바라밀(波羅蜜)입니다. 따라서 득도는 바라밀을 얻도록, 피안(彼岸)의 세계에 이르도록 하는 것입니다. 이것이 관세음보살님의 목표입니다. 우리 모두 이를 잘 새겨, 눈앞의 소원이 이루어진 다음에도 해탈의 저 언덕인 열반의 경지에 이를 때까지 관세음보살님께 의지하여 꾸준히 정진해야 할 것입니다.

두려움 없음을 베풀어주는 시무외자(施無畏者)인 관세음보살님! 이 분과 함께 하는 이상 우리는 평화롭습니다. 후퇴함이 없이 한결같이 열반의 세계로 나아갈 수 있습니다.

이제 우리는 주저할 까닭이 없습니다. 정녕 이와같은 분이 관세음보살일진데, 어찌 관세음보살님께 일심으로 예배공양하는 것을 주저할 까닭이 무엇입니까? 참으로 나의 해탈과 행복과 평화와 향상을 위해 관세음보살님을 깊이 신봉해야 할 것입니다.

끝으로 관세음보살의 응신에 대해 한가지 덧붙이고자 합니다. 그것은 꼭 32응신이 아니더라도 관세음보살님은 우리 곁에 다양한 모습을 나타내신다는 것과 어디에나 계신다는 것을 잊지 말라는 것입니다.

실로 '나'의 소리를 듣고 구원의 손길을 뻗치는 분! 언제나 '나'의 향상을 위해 힘이 되어 주시는 분! '나'에게 조건없는 사랑을 베풀어주시는 분! 그 분이 바로 관세음보살의 응신이라는 것을 잊지 말라는 것입니다.

❀

불교에 깊이 심취하였던 당나라의 양보는 무제보살(無際菩薩)이 사천에 와 계신다는 말을 듣고 친견을 하기 위해 어머니의 만류를 뿌리치고 집을 나섰습니다. 집을 떠난 지 며칠이 되었을 때, 신선과도 같이 생긴 한 노인이 나타나 말을 걸었습니다.

"젊은이는 어디를 그리도 부지런히 가시오?"

"무제보살을 친견하고 스승으로 모시고자 찾아가는 길입니다."

"그래요? 무제보살보다 관세음보살을 친견하는 것이 더 좋지 않을까?"

"관세음보살님이 어디에 계시는데요?"

"집으로 가보시오. 이불을 두르고 신발을 거꾸로 신은 채 그대를 맞이하는 분이 있을 것이요. 그분이 바로 관세음보살이라오."

"감사합니다."

노인이 보통 분이 아님을 느낀 양보는 발길을 되돌려 부지런히 집으로 향하였고, 집에 도착했을 때는 깜깜한 한밤중이었습니다. 양보는 문을 두드리며 소리쳤습니다.

"어머니! 소자가 돌아왔습니다."

반갑게 뛰어나와 문을 열어주는 어머니는 이불을 두른 채, 신발도 거꾸로 신을 채였습니다. 언제나 소중한 자식을 조금이라도 더 빨리 맞고자….

8

늘 '나'의 곁에서 어려움을 해결해주고, '나'를 깨우쳐주고 살아나게 하는 분들을 관세음보살로 볼 수 있고 대할 수 있게 될 때, 우리의 삶 전체가 관세음보살님의 대자비로 꽃피어나게 된다는 것을 꼭 명심하시기 바랍니다.

복 짓는 관세음보살님

無ᄆᆷ盡진意의菩보薩살이 白백佛불言언하사대

世세尊존하 我아今금에 當당供공養양觀관世세音음菩보薩살하리이다 하고

卽즉解해頸경衆중寶보珠주瓔영珞락하니 價가値치百백千천兩냥金금이라 而이以이

與여之지하고 作작是시言언하사대

仁인者자여 受수此차法법施시珍진寶보瓔영珞락하소서

時시에 觀관世세音음菩보薩살이 不불肯긍受수之지어늘 無무盡진意의 復부

白백觀관世세音음菩보薩살言언하사대

仁者여 愍我等故로 受此瓔珞하소서

爾時에 佛告觀世音菩薩하사대

當愍此無盡意菩薩과 及四衆 天 龍 夜叉

乾闥婆 阿修羅 迦樓羅 緊那羅 摩睺羅伽

人 非人等故로 受是瓔珞하라

卽時에 觀世音菩薩이 愍諸四衆과 及於天

龍 人 非人等하야 受其瓔珞하고 分作二分하야

一分은 奉釋迦牟尼佛하고 一分은 奉多寶佛塔

하나니라

無盡意야 觀世音菩薩이 有如是自在神力하야 遊

於娑婆世界하나니라

무진의보살이 부처님께 사뢰었다.

세존이시여, 저는 지금 관세음보살께 공양을 올리고자 하옵니다.

그리고는 곧바로 백천냥금의 가치를 지닌 수많은 보석으로 이루어진 목걸이를 풀어 바치면서 말하였다.

어진이시여, 이 법시(法施)의 진귀한 보배 목걸이를 받아주소서.

그러나 관세음보살께서 받으려 하지 아니하므로, 무진의보살이 다시 관세음보살께 말하였다.

어진이시여, 저희들을 불쌍히 여기시어 이 목걸이를 받으소서.

그때 부처님께서 관세음보살에게 이르셨다.

마땅히 무진의보살과 천·용·야차·건달바·아수라·가루라·긴나라·마후라가·인(人)·비인(非人)등을 불쌍히 여겨 이 목걸이를 받을지니라.

그 즉시 관세음보살은 사부대중과 천·용·인·비인 등을 불쌍히 여겨 목걸이를 받은 다음 둘로 나누어, 한 몫은 석가모니불께 바치고 한 몫은 다보여래(多寶如來)의 탑에 바치었다.

무진의야, 관세음보살에게는 이와같은 자재한 신통력이 있어 사바세계를 자유로이 노니느니라.

사바세계를 자유자재로 노니시며 갖가지 몸을 나투어 중생의 급한 환란을 벗겨 주시는 관세음보살님! 중생에게 깃든 두려움을 없애주시는 시무외자(施無畏者) 관세음보살님!

이제 이 관세음보살님께 깊이 감격한 무진의보살이 목에 걸치고 있던 엄청난 가치를 지닌 보배 영락 목걸이를 풀어 공양을 올리고자 합니다. 무궁무진한 법계의 깊은 뜻을 남김없이 꿰뚫어 보고 있는 무진의보살이 이 우주법계에서 가장 소중한 대자비 그 자체의 님인 관세음보살님께 보시를 하고자 하는 것입니다. 그런데 무진의보살께서는 묘한 말씀을 하셨습니다.

"어진이시여, 이 법시(法施)의 진귀한 보배 목걸이를 받아주소서."

이 표현이 어떻습니까? 이상하게 느껴지지 않습니까? 보배 목걸이는 분명 재물임에 틀림이 없건만, 재시(財施)라는 표현을 쓰지 않고 법시(法施)라고 하였으니….

'목걸이를 바치는 재물보시가 어떻게 법시가 될 수 있는가?'

하지만 얼마든지 물질을 보시하면서 법시를 이룰 수가 있습니다. 재물을 바치면서 마음으로 법을 생각하면 법시도 함께 이루어지는 것입니다. 곧 우리가, 재물을 바치고자 하는 그분의 덕행을 존경하여 그분의 덕과 그분이 설한 진리를 따르고, 그분과 같은 길을 걸어 그분과 같이 되겠다는 원과 함께 물질을 보시하게 되면 법을 위한 법시까지 함께 이루어 낼 수 있는 것입니다.

사찰의 불보살님 앞에 놓인 복전함에 돈을 넣는 불자들에게는 나름대로의 이유가 있기 마련입니다.

- 부처님께 보시를 하면 부자가 된다고 하여
- 불자의 의무로
- 사찰의 유지를 위해
- 복을 달라고
- 마음속의 소원을 이루고자
- 부처님의 덕행을 본받고 성불 하겠다는 원으로

이 밖에도 사람마다 다양한 까닭이 있을 것입니다. 그런데 어떠한 재물보시이든 부처님께로부터 무엇인가의 보상을 받겠다고 하면 재시로 끝나고 맙니다. 물론 그와같은 재시에도 보상은 있기 마련입니다. 부처님의 대자비원력과 인연의 법칙으로 나름대로의 과보는 틀림없이 돌아옵니다.

하지만 법시가 되려면 꼭 법을 품어야 합니다. 무진의보살은 관세음보살의 대자비에 관한 법문을 부처님께 듣고 관세음보살에 대한 존경심과 함께 대자비법문을 마음 가득 품었습니다. 그리고 그 기쁨의 표현으로 보배영락의 목걸이를 보시하고자 한 것입니다.

이렇듯 법을 마음에 품고 올리는 재물보시는 법시가 됩니다. 그분의 법이 너무 감사하여, 또는 어떤 불보살님의 법에 따라 수행을 하여 그분과 같이 되겠다는 서원 속에서 올리는 재물은 재시와 법시의 공덕을 한꺼번에 이루어 낼 수 있게 됩니다.

참된 불자라면 보시를 재시로 끝내어서는 안 됩니다. 단 한푼의 재물보시라도 법으로 회향(廻向)하여 법시가 되도록 해야 합니다. 그래서 나는 주위의 불자들에게 부탁을 합니다.

"부처님께 절을 올리고 돈이나 음식 등을 보시할 때는 꼭 서원이나 축원을 하십시오."

축원과 서원! 축원은 '나'를 비롯한 다른 이의 행복을 기원하는 것이요, 서원은 '나' 스스로가 어떻게 하고 어떻게 되겠다는 맹세입니다. 우리가 축원을 하고 서원을 올리는 그 마음가짐은 바로 아뇩다라삼먁삼보리심, 곧 무상정등각(無上正等覺)의 마음입니다.

축원은 '일체 중생 모두가 행복하여지이다' 등의 거창한 것만 축원인 것이 아닙니다. '내 남편·내 아내·아들딸들이 건강하고 뜻하는 일이 이루어지게 하소서' 하는 등의 가족을 위한 축원 또한 무상정등각의 마음입니다. 그리고 우리가 법회때마다 노래하는 '중생을 다 건지오리다' 등의 사홍서원을 비롯하여, '나'를 깨달음의 쪽으로 변화시키고자 하는 맹세들은 모두가 무상정등각의 마음을 여는 서원들입니다.

문제는 이러한 착한 마음, 좋은 마음, 바른 마음을 계속 유지하는데 있습니다. 축원하고 서원하는 마음을 한결같이 유지시키기만하면 저절로 행복이 깃들고, 마침내는 '부처'를 이룰 수 있습니다. 따라서 단 돈 백원이라 할지라도 그냥 넣지 말고 축원이나 서원을 하며 보시를 해야 합니다. 그렇게 하면 재시(財施)가 차츰 법시(法施)로 바뀌게 됩니다.

특히 나는 가정에서 매일 기도를 하는 불자들에게 집에서도 기도 끝에 보시를 하고 축원이나 서원을 할 것을 권합니다. 가족이 셋이면 셋, 넷이면 넷, 한 사람당 5백원이라도 좋고 천원이라도 좋습니다. 형편대로 쉽게 할 수 있는 액수를 정하여 가정용 복전함인 저금통에 넣으십시오.

절대로 그 돈을 그냥 넣지 마십시오. 남편 몫으로 돈을 넣으면서 남편을 축원해 드리고, 아들 몫으로 돈을 넣으면서 아들을 축원해 주고, 딸의 몫으로 돈을 넣으면서 딸을 축원해 주십시오. 그리고 내 몫으로 돈을 넣으면서 나의 서원을 발하십시오.

이렇게 축원이나 서원과 함께 재시를 하게 되면 무한공덕이 쌓여 반드시 좋은 결실을 맺게 됩니다. 그리고 모은 돈은 불사에 사용하십시오. 다니는 절의 불사에 쓰도록 하여도 좋고, 법공양에 사용하여도 좋고, 가난하고 어려움에 처한 이를 돕는데 써도 좋습니다. 그 모두가 깨달음을 이루는 불사, 깨달음의 밑

거름이 되는 불사입니다.

축원이나 서원이 깃든 그 돈이 깨달음을 이루는 불사에 쓰이게 될진데, 어찌 재물보시가 법시로 탈바꿈하지 않겠습니까? 아울러 무진의보살이 물질인 보배 목걸이를 보시하면서 법시라고 한 까닭을 분명히 이해할 수 있을 것입니다.

이제 다시 관음경 본문의 내용으로 돌아갑시다.

무진의보살은 '법시'라고 하며 바친 진귀한 보배 목걸이를 관세음보살님께서 받으려 하지 않자, 거듭 청을 합니다. 그 까닭으로 '불쌍히 여겨〔愍〕'라는 표현을 씁니다. 곧 관세음보살의 자비심에 호소한 것입니다. 이에 부처님께서는 관세음보살에게 사부대중과 뭇 생명 있는 이를 불쌍히 여겨 목걸이를 받을 것을 권하였고, 목걸이를 받아든 찰나에 그 보배들을 둘로 나누어 한 몫은 석가모니부처님께, 다른 한 몫은 다보여래의 탑인 다보탑(多寶塔)에 바쳤습니다.

다보탑은 어떠한 부처님이든 『법화경』을 설하게 되면 땅 속으로부터 솟아올라 그 부처님의 『법화경』설법을 인정하고 칭찬하는 증명의 탑으로, 탑 속에는 법신불(法身佛)이라 할 수 있는 다보여래께서 언제나 머물러 계십니다. 자연, 석가모니부처님께서 이 관세음보살보문품(관음경)을 설하고 계실 때에도 다보탑은 그 옆에 있었으므로, 관세음보살님은 진리의 몸인 다보여래께 보시를 하신 것입니다.

　여기서 우리는 매우 소중한 가르침을 마음에 담을 수 있어야 합니다. 그것은 '복 짓는 관세음보살님'입니다.

　우리의 상식으로는 관세음보살님이 '베풀기만 하는 분'이라고 생각하기 쉽습니다. 그러나 이 관음경에서 관세음보살님은 받은 값진 보배를 즉석에서 석가모니불과 다보여래께 보시하였습니다. 물질에 집착을 하지 않기 때문에 보시를 한 것이 아니라, 부처님께 보시를 하여 당신의 복을 닦음과 아울러 사부대중 등의 중생들에게 더 큰 복을 안겨주기 위해 보시를 한 것입니다.

　관세음보살만이 아닙니다. 문수보살·보현보살·지장보살 등, 십지(十地)를 넘어 등각(等覺)의 자리에 올라선 대보살님들도 복을 닦습니다. 그만한 위치에 오른 분이라면 보시를 할 필요가 없고, 복을 닦을 필요가 없고, 지혜를 닦을 필요가 없는 것 같지만, 그분들도 스스로의 복을 지어 향상을 합니다. 그리고 복을 닦은 공덕으로 중생들의 복도 함께 닦아주는 이타행(利他行)을 합니다.

　복 닦는 일! 이 일은 부처님도 합니다. 열반의 경지를 이루신 부처님까지도 끊임없이 복을 짓습니다.

❀

부처님의 십대제자 가운데 한 분인 아나율(阿那律)존자는 잠이 유난히 많았습니다. 어느 날 부처님께서 설법을 하고 계실 때 아나율존자는 꾸벅꾸벅 졸았고, 설법을 마친 부처님께서는 그를 불러 물었습니다.

"설법 중에 졸고 있으니 어찌된 일이냐?"

아나율존자는 곧 허물을 뉘우치고 꿇어앉아 다짐했습니다.

"이 몸이 부서지는 한이 있을지라도 다시는 부처님 앞에서 졸지 않겠습니다."

그날부터 아나율존자는 뜬눈으로 정진을 계속하다가 눈병이 나고 말았습니다. 부처님께서는 중도의 법문을 설하시며 적당히 잘 것을 권하였지만 그는 고집을 부렸고, 마침내는 눈이 멀고 말았습니다. 다행히 마음이 열려 천안(天眼)을 얻었고, 부처님 제자 중에서 '천안제일'이라 불리우게 되었습니다.

그러나 일상생활에는 불편한 점이 많았습니다. 특히 바늘귀에 실을 꿰는 일은 여간 힘이 들지 않았습니다. 그때마다 존자는 사람이 지나가는 소리가 날 때를 기다려 부탁을 했습니다.

"나를 도와 복을 지으십시오. 바늘귀에 실을 꿰어주십시오."

그날도 아나율존자는 해진 옷을 깁기 위해 바늘귀에 실을 꿰려하였으나 잘 되지 않았습니다. 존자는 혼잣말로 중얼거렸습니다.

"누구든 복을 지으려는 사람이 실을 좀 꿰어주었으면 좋으련만…."

그러자 누군가가 존자의 손에서 바늘과 실을 받아 해진 옷을 기워주는 것이었습니다. 그분은 부처님이었고, 뒤늦게 사실을 안 아나율은 깜짝 놀라며 여쭈었습니다.

"아! 부처님. 부처님께서는 세상에서 가장 복이 많은 분이신데, 다시 더 쌓아야 할 복이 있으신지요?"

부처님께서는 인자하게 말씀하셨습니다.

"아나율아, 이 세상의 복 있는 사람 중에 나보다 더한 사람은 없다. 그러나 나는 보시·지계·인욕·설법·중생제도와 바른 도를 구하는 여섯가지 법에 대해 복을 짓는 것에는 만족을 모르느니라."

"부처님께서는 법 그 자체이신데, 다시 무슨 법을 더 구하려 하십니까? 부처님께서는 생사의 바다를 건너 이미 해탈하셨는데, 더 구해야 할 복이 어디에 있습니까?"

"그렇도다. 그대의 말이 맞도다. 만약 중생들이 행하고 말하고 생각하는 이 세 가지를 바로하면 결코 삼악도(三惡道)에 떨어지지 않느니라. 그러나 중생들은 그것을 실천하지 않아 나쁜 길에 떨어지며, 나는 그들을 위하여 복을 짓는다. 이 세상의 힘

중에서 복의 힘[福力]이 으뜸이며, 그 복의 힘으로 대도(大道)를 이루느니라. 그러므로 그대를 비롯한 모든 수행자들은 이 여섯가지 법을 행하여 복을 지어야 하느니라."

☙

이 이야기를 통하여 우리는 최상의 복을 남김없이 갖추신 부처님께서도 복을 짓는데 힘을 기울인다는 것을 분명히 알 수 있습니다. 정녕 부처님께서도 복을 닦는데 하물며 관세음보살이겠습니까?

부처님과 대보살들! 그분들은 당신 자신을 위해 복을 짓는 세속적인 수준을 넘어서고 있습니다. 일체중생들을 바른 길로 인도하고자, 나쁜 길에서 구제하여 해탈시키고자 복을 짓습니다.

이제 우리는 복 닦는 일을 게을리 해서는 안 됩니다. 부처님께서 분명히 천명하셨듯이, 세상의 힘 중에서 복의 힘이 으뜸입니다. 복 있는 자는 누구도 당해내지 못합니다. 더욱이 부처님께서는 복의 힘이 있어야 대도를 이룰 수 있다고 하셨습니다. 뒤집어 말하면, 복력(福力)이 차지 않으면 대도를 이룰 수 없다는 것입니다.

그런데도 복 닦는 일은 도 닦는 일이 아니라고 주장하는 이들이 있습니다. 도와 복을 따로 보고 있는 것입니다. 그러나 부처님께서 명쾌히 밝혀주셨듯이 복력(福力)은 곧 도력(道力)입니다다. 복이 있어야 도를 이룰 수 있습니다. 복이 쌓이면 쌓일수록 빨리 도를 이룰 수가 있습니다.

  부처님의 가르침과 원리가 이러하거늘, 어찌 도와 복을 따로 놓고 볼 것이며, 어찌 박복 중생인 우리가 복을 닦지 않을 것입니까? 결코 복 닦기를 게을리 해서는 안됩니다. 복을 짓고 쌓아 스스로를 무량공덕장(無量功德藏)으로 만들어 나가야 합니다. 그래야만 우리의 도가 빨리 성취됩니다. 그래야만 그 복력으로 주위를 맑히고 밝히고 구할 수 있습니다. 대복력(大福力)을 갖추신 관세음보살께서 일체 중생을 고난으로부터 구해주듯이….

이 시   무 진 의 보 살   이 게 문 왈
爾時에 無盡意菩薩이 以偈問曰.

세 존 묘 상 구   아 금 중 문 피
世尊妙相具시여   我今重問彼하오니

불 자 하 인 연   명 위 관 세 음
佛子何因緣으로   名爲觀世音이닛고

구 족 묘 상 존   게 답 무 진 의
具足妙相尊이   偈答無盡意하사대

여 청 관 음 행   선 응 제 방 소
汝聽觀音行의   善應諸方所하라

홍 서 심 여 해   역 겁 부 사 의
弘誓深如海하야   歷劫不思議며

시 다 천 억 불
侍多千億佛하야

발 대 청 정 원
發大淸淨願일새

아 위 여 약 설
我爲汝略說하노니

문 명 급 견 신
聞名及見身하야

심 념 불 공 과
心念不空過하면

능 멸 제 유 고
能滅諸有苦니라

그때에 무진의보살이 게송으로 여쭈었다.

묘한 상호 구족하신 세존이시여
제가 이제 다시금 여쭈옵니다
저 불자는 어떠한 인연으로서
관세음이라 이름하게 되었나이까

묘한 상호 구족하신 세존께오서
게송으로 무진의에게 답하셨도다
그대는 들을지니 관음의 덕행은
어느 곳 할 것 없이 다 응하느니라

그 서원의 넓고 깊음 바다 같나니
한량없는 아득한 겁 지내오면서

천만억의 부처님을 모두 모시고
맑고 맑은 대원을 세웠느니라

이제 그대 위해 간략히 설하리니
그 이름을 듣거나 그 몸을 보고
마음 모아 지극히 생각을 하면
능히 모든 괴로움을 멸하리로다

  무진의보살은 관음경의 첫머리에서와 같이 부처님께 '관세음보살이라고 이름하게 된 까닭'을 게송으로 여쭈었고, 부처님 또한 비슷한 내용의 답을 다시 게송으로 설하였습니다.
  이것이 중송(重頌)입니다. 중송은 앞에서 이야기 식으로 설법한 내용을 시(詩)나 노래의 형식을 빌려 거듭 들려주는 것으로, 많은 불경이 이러한 중송을 갖추고 있습니다. 그리고 이제까지 우리가 살펴보았던 산문체의 글은 '장항(長行)'이라고 합니다. 자구(字句)의 제한을 받지 않고 '길게 늘어놓았다'고 하여 장항이라고 한 것입니다.
  불경에서 중송의 형식을 취한 까닭은 앞서 들은 법문의 내용을 다시 한번 더 깊이 새겨주기 위함입니다. 그러나 또다른 까닭도 있습니다. 성인의 가르침을 문자로 전승하지 않는다는 인도의 전통적인 풍습에 따라, 부처님 당시나 열반 후 수백년 동안에는 부처님의 가르침을 글로 남기지 않았습니다. 자연, 그 가르침을 전승하기 위해서는 암기를 할 수밖에 없었습니다. 따라서 부처님 설법의 요지만을 정리한 시나 노래를 만들어 외우게 함으로써 그 법이 오래오래 전해지도록 하였던 것입니다.

그런데 이 관음경의 중송은 원래 따로이 번역되어 별행본(別行本)으로 애송되다가, 뒷날 관음경의 본문 뒤에 합하여 한 권으로 만들었습니다. 번역자가 서로 달랐기 때문입니다. 곧 이 중송은 북주(北周)의 무제(武帝, 559~577)때 사나굴다 스님이 번역하여 따로 유포되었는데, 뒷날 구마라집 삼장이 번역한 『법화경』의 관세음보살보문품 뒤에 합철하여 오늘날의 관음경을 만들어 내게 된 것입니다.

이와같은 이유 때문인지, 이 관음경의 중송은 산문체인 장항의 내용과 맥을 같이 하면서도, 오히려 어떤 부분에서는 더 구체적이요 풍부한 내용을 담고 있습니다. 이를 참고로 하시어 이 중송에 담겨져 있는 가르침을 잘 살펴보시기 바랍니다.

이제 부처님께서 답하신 게송을 간략히 풀이해 봅시다.

관세음보살님의 덕행, 곧 자비행은 모든 곳에 두루 미칩니다. 중생의 부름에 응하여 시방세계 그 어디에든 모습을 나타냅니다. 그런데 어떻게 이와같은 몸이 될 수 있었겠습니까?

서원력(誓願力) 때문입니다. 바다와 같은 서원력 때문입니다.

깨끗한 것 더러운 것 가림이 없이 모든 것을 다 받아주는 바다, 수많은 보물을 간직하고 있는 바다, 물고기 등 뭇 생명을 살릴 수 있도록 해주는 바다, 한결같은 맛을 지닌 바다, 언제나 변함없고 크고 깊은 바다! 이 바다와 같은 서원과 힘을 지닌 분이 관세음보살입니다.

그러나 그와같은 능력이 그냥 이루어질 수 있었던 것은 아닙니다. 한량없는 세월동안 수많은 부처님을 받들며 맑고 깊은 대원을 세웠을 뿐아니라, 대원(大願)을 이루기 위해 거룩한 행을 닦고 또 닦았던 것입니다.

마침내 관세음보살님은 대자비 그 자체가 됨과 동시에 무한능력을 갖추게 되었습니다. 그 능력이 무엇인가? 모든 괴로움을 뿌리 뽑아 즐거움을 안겨주는 능력입니다. 누구든지 '관세음보살'이라는 이름을 듣거나 사진·그림·보살상 등을 보고 난 다음 마음을 모아 늘 생각하고 성심껏 기도를 올리면 모든 괴로움을 소멸하여 해탈을 얻게 해주는 대자비의 님이 된 것입니다.

하지만 우리가 진정으로 유념해야 할 것은 관세음보살께서 낮은 차원의 고난 구제만을 하는 분이 아니라는 것입니다. 실로 그분의 대자비는 우리를 관세음보살의 경지로 끌어올리고, 우리 속의 관음(觀音)을 발현시키는데 있습니다. 그분은 우리 속의 '관세음보살'이 발현될 때까지 언제나 관음행자와 함께 합니다.

그런데 우리는 어떻습니까? 관세음보살님의 깊은 뜻, 대서원과 함께 하고 있습니까? 안타깝게도 너무나 많은 이들이 매달리기만 합니다. '관세음보살'을 염하며 자기관음(自己觀音)을 개발시키는 것이 아니라, 언제까지나 관세음보살님의 구원을 받고자 하는 자리에 머무는 이가 많습니다.

정녕 우리가 참된 관음행자라면, 이제부터 관음기도를 통하여 자기관음을 발현시켜야 합니다. 그리하여 대자비·대지혜의 '나'로 바꾸어야 합니다. 그럼 어떻게 하여야 그것이 가능할까? 이에 옛 이야기 한편을 소개하고자 합니다.

중국의 유명한 문필가인 소동파(蘇東坡 : 1036~1101)는 노산 귀종사에 불인요원(佛印了元 : 1032~1098)과 형제처럼 친밀하게 지냈습니다. 어느 날 두 분은 담소를 나누며 함께 길을 가다가 목에 염주를 걸고 계신 관세음보살 석상 앞을 지나게 되었습니다. 불인선사가 하던 이야기를 멈추고 관세음보살께 예배를 드리자, 소동파가 짐짓 물었습니다.

"사람들이 염주를 지니고 관세음보살을 경배하는 것은 능히 이해가 되지만, 이 관세음보살은 염주를 걸고 무엇을 염하시는지요?"

이 예리한 질문에 불인선사는 또렷하게 답했습니다.

"남에게 묻지 말고 스스로에게 물어보시오."

&

'남에게 묻지 말고 스스로에게 물어라.'

여기에 자기관음을 개발하는 비결이 담겨져 있습니다. '나'를 바꾸는 원리가 이것입니다. 밖에서만 구하려 하지 마십시오. 의지하려고만 하지 마십시오. 이제 밖의 관세음보살님께만 구하려 하지 말고 자기관음에게서도 구할 수 있어야 합니다.

게송 속의 '심념(心念)'은 일심이요 일념입니다. 일심으로 관세음보살을 생각할 때 나와 관음은 둘이 아닙니다. 그냥 그대로 한 덩어리가 되어 모든 문제가 사라지고, 나 자체가 대지혜와 대자비의 자기관음으로 바뀌는 것입니다.

꼭 명심하십시오. '나'의 일심과 일념 속에 관음의 진신, 곧 자기관음이 모습을 나타내게 된다는 것을!

염피관음력(念彼觀音力)

　이제 『관음경』의 중송(重頌)에서는 관세음보살의 구원 능력에 대해 12가지 재난을 예로 들며 노래를 합니다. 앞의 「재난의 소멸」에서 살펴본 화난(火難)·수난(水難)·풍난(風難)·검난(劍難)·귀난(鬼難)·옥난(獄難)·적난(賊難)의 7난(七難)을 보다 상세하게 열거한 것이라 할 수 있습니다.

　이 중송에서 열거한 12가지 재난은 **① 큰 불구덩이에 빠짐 ② 대해를 표류함 ③ 수미산 꼭대기에서의 추락 ④ 험한 산에서 떨어짐 ⑤ 원적에게 화를 당함 ⑥ 사형수 ⑦ 형틀에 결박됨 ⑧ 저주와 독약의 해를 입음 ⑨ 귀신의 해를 입음 ⑩ 맹수의 습격 ⑪ 독사와 전갈의 공격 ⑫ 폭우의 피해** 등입니다.

　모두가 죽음과 관련이 깊은 것들로, 이러한 재난을 당하게 되면 목숨을 잃는 경우가 허다합니다.

물론 일생을 살다보면 이러한 극단적인 재난을 당할 수도 있습니다. 그러나 과학문명이 발달한 오늘의 현실로 볼 때, '나'에게는 해당이 되지 않거나 절박하게 느껴지지 않는 내용도 상당수 포함되어 있습니다. 그러므로 여기에서는 이 12가지 재난을 현실과 원리에 입각하여 새롭게 대입시켜보고, 그 문제들을 염피관음력(念彼觀音力)으로 풀어나가는 방법을 모색해 보고자 합니다.

① 假使興害意하야 推落大火坑이라도
    念彼觀音力으로 火坑變成池하며

어떤 이가 해치려는 생각을 품고
불구덩이 속으로 밀어 떨어뜨려도
저 관세음보살을 생각하는 힘으로
불구덩이가 문득 연못으로 변하리

누군가가 '나'를 해치려는 생각을 품고 '나'를 큰 불구덩이 속으로 던졌다고 합시다. 그때 관세음보살을 염하게 되면, 그 힘으로 불구덩이가 문득 연못으로 바뀐다고 하였습니다.

과연 이 말씀이 믿어집니까? 불구덩이가 연못으로 바뀌며 해탈을 얻은 사례가 있습니까? 실로 그와같은 영험담은 아직까지 전해지지 않고 있습니다. 그럼 이러한 말씀은 틀린 것인가? 아닙니다. 분명히 아닙니다.

'어떤 이가 해치려는 생각을 품는다' 는 경문을 다시 한번 새겨 보십시오. '나'를 불구덩이 속으로 던지는 이, '나'를 불태워버리는 존재는 진정 누구입니까? 바로 '나' 입니다. 탐욕으로 가득찬 '나'의 마음, 불꽃처럼 타오르는 진심(瞋心)이 '나'를 불 속으로 던져버립니다. 탐욕과 분노에 휩싸인 '나'는 삼계(三界)의 불타는 집 속에서 살면서도 벗어날 생각을 하지 않고 무언가에 정신이 팔려 살아갑니다.

화난(火難)! 이것이 화난입니다. 탐심으로 불길을 일으키고 분노심으로 모든 것을 태워버리고자 합니다. 그러나 결국은 무엇입니까? 탐욕과 분노와 시기와 질투 속에서 타 죽는 자는 '나' 일 뿐입니다. 내가 불구덩이를 만들고 제 발로 그 속에 들어가 스스로를 태우는 것입니다.

그러나 미혹한 중생은 스스로가 불타는 집에 살면서도, 불구덩이 속으로 들어가고 있으면서도 쉽게 그것을 깨닫지 못합니다. 기껏, 나의 탐심과 분노로 인해 피해를 본 그때, 곧 남이 나를 불구덩이 속으로 밀어 넣는 그때가 되어야 위기에 처했다는 것을 깨닫습니다. 하지만 그때는 이미 늦습니다. 3도 화상(火傷)이상의 피해를 면할 길이 없습니다.

그럼 탐심과 분노 속에 깊이 휩싸여 있을 때, 나아가 이미 늦어버린 그때 어떻게 해야 하는가? 바로 그때 '염피관음력(念彼觀音力)'에 의지해야 합니다.

염피관음력(念彼觀音力)! 이 구절을 흔히들 두가지 방식으로 많이 해설합니다. 일반적으로는 "저 관세음보살을 염하는 힘으로"라고 번역하며, 어떤 이는 "저 관세음보살의 힘을 염하면"이라고 번역합니다.

이 두가지는 모두 옳습니다. '저 관음을 염하는 힘으로' 라고 할 때는 자력(自力)이 중심이 되고, '저 관음의 힘을 염한다' 고 할 때는 타력(他力)이 됩니다. 따라서 '염피관음력'을 더 정확히 정의하면 자력과 타력을 하나로 모으는데 있습니다. 관세음보살님께서 지니신 크나큰 힘과 '나'의 염(念)하는 힘이 하나가 되어야 한다는 것입니다.

'관세음보살'을 염불할 때는 분명히 관세음보살님의 대자비와 구원능력을 믿고 의지하고 매달리면서 그분의 명호를 외우고 불러야 합니다. 곧 타력(他力)을 얻고자 해야 하는 것입니다. 그러나 단순히 '외우고 부른다' 하여 '나'의 문제가 해결되는 것이 아닙니다. 반드시 '염(念)' 하여야 합니다.

　일반적으로 '염(念)한다'고 하면 그냥 '생각한다'로 단정을 짓습니다. 그러나 염(念)은 사(思)와 다릅니다. 그냥 일어났다가 사라지는 생각〔思〕이 아니라, '나'의 마음과 '나'의 정성이 깃들어 있는 생각이 염(念)입니다.

　염(念)의 범어는 '스므리티〔smṛti〕'이며, 그 뜻은 명기불망(明記不忘)'입니다. '밝게 기억하여 잊지 않는다, 또렷이 마음에 둔다'는 뜻입니다. 그러므로 부처님이나 관세음보살님을 또렷이 마음에 새겨 잊지 않고자 노력하는 것을 '염불(念佛)'이라 하는 것입니다.

　따라서 '염피관음(念彼觀音)'을 성취하려면 반드시 다른데로 흩어지는 마음을 관세음보살님께로 모으는 노력, 관세음보살님과 하나가 되고자 하는 '나'의 노력이 있어야 합니다. 마음을 모으는 그 노력이, 집중력을 기울여 관세음보살님과 하나가 되고자 하는 그 노력이 염(念)입니다.

　실로 하나가 되고자 하는 노력이 일념을 이룰 때 모든 문제는 해결이 됩니다. 그렇다면 이렇게 관세음보살님과 하나가 되고자 마음을 모으고 애를 쓰고 집중하는 노력을 무엇이라 이름하는가? 바로 이러한 노력을 '자력(自力)'이라고 합니다. 이제 '염피관음력'에 대한 결론을 맺겠습니다.

염피관음력(念彼觀音力)은 타력(他力)＋자력(自力)입니다. 저 관음의 힘과 관음을 생각하는 나의 힘이 합해진 것입니다.

자력이 없는 타력은 있을 수 없습니다. 타력은 자력만큼 다가옵니다. 관세음보살님의 위신력과 서원력을 굳건히 믿고 의지하는 타력신앙에 일념을 이루고자 하는 '나'의 자력을 더하여야 진정한 관음력(觀音力)이 '나' 속에서 피어날 수 있는 것입니다.

자력＋타력＝염피관음력.

이 원리를 꼭 명심하시어, 앞으로의 기도생활에 잘 활용하시기를 당부 드립니다. 이제 본문으로 돌아갑시다.

우리의 재앙은 우리가 만듭니다. 법계의 일원인 우리는 인과의 법칙을 면할 길이 없습니다. 분노의 불길, 시기·질투의 불길이 강하면 강할수록 '나'는 더 큰 불구덩이 속에 빠질 수밖에 없습니다. 남을 미워하고 원망하면 할수록 불길이 거세지는 것입니다.

이제 염피관음력을 하십시오. 관세음보살님께 집중하면서 관세음보살을 염하십시오. 열심히 염하면 저절로 분노이전의 '나', 시기·질투 이전의 '나', 미움 이전의 '나', 원망 이전의 '나'로 되돌아옵니다. 나아가 불은 저절로 꺼지고, '나'는 아주 맑고 아름다운 연못의 연꽃 위에 앉게 됩니다.

자, 이를 무엇이라 표현할 것입니까? 불구덩이가 문득 연못으로 변한다는 '화갱변성지(火坑變成池)'라 하지 않을 수 있겠습니까?

② 或漂流巨海하야 龍魚諸鬼難이라도
念彼觀音力으로 波浪不能沒하며

어쩌다 큰 바다에 빠져 표류를 하고
용과 물고기와 귀신의 난을 만나도
저 관세음보살을 생각하는 힘으로
파도가 능히 삼키지를 못하느니라

큰 바다를 표류한다. 심하게 파도치는 큰 바다에 빠져 허푸허푸 떠다닌다. 이 '큰바다'가 뜻하는 것은 「재난의 소멸」에서 논하였던 바로 그 치수(癡水)입니다. 어리석을 치(癡)! 치가 무엇입니까? 한마디로 정의하면 번뇌입니다. 어둠 속에서 목표를 잃고 흘러가는 삶, 번뇌와 망상 속의 삶이 치의 삶입니다.

그런데 이 두 번째 노래에서 참으로 재미있는 구절은 '용어제

귀난(龍魚諸鬼難)'입니다. 용과 물고기 떼를 비롯하여 갖가지 귀신의 난을 당한다는 것입니다. 귀신의 난! 정녕 귀신에게 현혹되는 것이 어떠한 때입니까? 바로 '어리석을' 때입니다. 번뇌망상에 휩싸여 있을 때입니다. 번뇌망상에 휩싸여 제 정신을 못 차리고 있을 때 각종의 잡귀들이 침범하여 이상한 병을 일으키고, 그 귀신이 '나'를 나답지 못하게 살도록 만들어 버립니다. 때로는 귀신 때문에 목숨을 잃기까지 합니다.

이러한 일은 주위에서도 종종 접할 수 있습니다. 그래서 사람들은 불안해합니다. 그리고 일이 자꾸만 꼬이거나 이상한 병이 들면 점집이나 무당 집을 찾습니다. 그리고는 '객귀나 제사를 받지 못하는 조상 때문이니 굿을 하라'는 유혹에 빠져 재산을 탕진하기까지 합니다. 과연 이것이 해결방법일까요? 아닙니다. 어리석음만 더욱 커질 뿐입니다.

원귀 · 잡귀 · 객귀 · 조상신 할 것 없이 바른 정신을 지닌 자, 정법(正法)으로 사는 자는 어떻게 하지 못합니다. 그러므로 우리는 '어리석음을 벗고 정법 속에서 살고자' 하는 노력을 기울여야 합니다.

염피관음력! 그 노력 중의 하나가 염피관음력입니다. 정녕 관세음보살께 집중을 하면 어떻게 됩니까? 헛된 망상이 차츰 사라져 평온함을 얻게 됩니다. 염불 초기에는 번뇌가 더 일어나는 듯이 느껴지기도 하지만 차츰 번뇌의 파도가 잔잔해지고, 마침내는 관세음보살님께서 이끄는 반야용선(般若龍船)을 타고 잔잔한 바다를 건너 피안의 불국토로 나아가게 되는 것입니다.

　염피관음력으로 살아가는 자! 어찌 그를 귀신이 해할 수 있을 것이며, 감히 파도가 집어삼킬 수 있겠습니까?

③或在須彌峰하야　爲人所推墮라도
　念彼觀音力으로　如日虛空住하며

수미산과 같은 높은 봉우리에서
어떤 이가 갑자기 밀어 떨어뜨려도
저 관세음보살을 생각하는 힘으로
해와 같이 허공에 머무르게 되며

④或被惡人逐하야　墮落金剛山이라도
　念彼觀音力으로　不能損一毛하며

흉악한 사람에게 쫓기는 바가 되어

험난한 금강산에서 굴러 떨어질지라도
저 관세음보살을 생각하는 힘으로
털끝 하나 상하지 않게 되느니라

　수미봉(須彌峰)은 수미산 꼭대기입니다. 고대 인도의 우주관에 의하면 수미산은 세계의 중심에 있는 산이며, 이 산의 중턱에는 해와 달이 맴돈다고 합니다. 그러나 여기에서는 매우 높은 산봉우리로 이해하면 됩니다. 그리고 금강산은 금강석과 같이 단단하고 험준한 산으로 이해하면 됩니다.

　따라서 이 두 수의 노래는, 높은 산에서 어떤 이가 밀어 떨어뜨리거나 흉악한 이의 추적을 받다가 험준한 금강산에서 굴러 떨어질지라도, 염피관음력이 있으면 털끝하나 상하지 않게 된다는 것입니다.

　이와 관련된 많은 영험담 중 우리 나라 금강산에서 있었던 실화를 먼저 살펴본 다음 이 노래의 의미를 새롭게 정립해 봅시다.

　조선시대에 금강산 발연사(鉢淵寺)에서 있었던 일입니다. 발연사의 많은 스님들 가운데 지상(智相)과 계인(戒忍)스님은 특히 다정한 도반으로 지냈습니다.

　어느 날 지상스님은 발연사에서 하룻밤을 쉬어가게 된 객 스님으로부터 모감주 나무로 만든 백팔염주 한 벌을 얻게 되었습니다. 새까맣게 윤기가 흐르는 아름다운 이 염주는 보는 이마다 탐을 내었고, 지상스님 역시 애지중지하여 염불을 할 때 외에는 항상 목에 걸고 있었습니다. 그 염주를 가장 탐낸 이는 절친한 도반인 계인스님이었습니다.

어느 해 봄날, 계인스님은 지상스님에게 '뒷산으로 소풍이나 가자'고 했습니다. 그들은 금강산의 어느 험준한 봉우리로 올라가 천길 발 아래를 굽어보며 쉬고 있었습니다. 그때 계인스님이 나즈막한 음성으로 지상스님을 불렀습니다.

"지상스님, 그 염주 좀 보여주시게."

"옆에서 밤낮으로 보던 염주를 왜 새삼스레?"

"한번 만져보고 싶어서 그런다네."

"그럼 한번만 만져보고 돌려주게나."

염주를 넘겨받은 계인스님은 한참을 만져보다가 탐욕스런 눈빛을 띠며 말했습니다.

"참으로 좋은 염주구면. 이 염주. 나에게 주면 안될까?"

"농담 말게. 내가 얼마나 아끼고 있는지는 스님이 더 잘 알고 있지 않은가? 다른 것은 몰라도 이 염주만은 안되네."

"정말 줄 수 없다는 게지?"

계인스님은 버럭 고함을 치면서 지상스님을 발로 차서 낭떠러지 밑으로 떨어뜨려 버렸습니다. 그리고는 뒤도 돌아보지 않고 발연사로 내려가서 바랑을 챙겨 어디론가 떠나가 버렸습니다.

한편, 비명과 함께 절벽 아래로 떨어진 지상스님은 절벽 중간 바위틈에 자라난 큰 소나무 가지위에 얹혀지게 되었습니다. 그러나 아래는 역시 천길 절벽이요 위로도 올라갈 수가 없었습니다. 지상스님으로서는 죽음을 기다리는 것 외에 달리 할 수 있는 일이 없었으므로, 지성껏 '관세음보살'만을 불렀습니다. 그런데 비몽사몽간에 노스님 한 분이 나타났습니다.

"염주 한 벌에 대한 애착 때문에 목숨을 잃게 될 줄이야. 젊은 스님, 탐착이란 그렇게 무서운 것이라오. 나는 20년 전에 발연사의 중창을 위한 화주승(化主僧)노릇을 하였는데, 받은 시주돈이 탐이 나서 독에 담아 누각 밑에 감추어버렸소. 그 과보로 큰 구렁이 몸을 받아 어둡고 침침한 낭떠러지 밑에서 살아가고 있소. 다행히 관세음보살님의 인도로 내가 젊은 스님을 구해 줄 수 있게 되었으니, 부디 숨겨 놓은 재물을 찾아 나 대신 불사(佛事)를 이룩하여 주시오. 그렇게 하면 나도 이 흉칙한 몸을 벗어버릴 수 있게 됩니다."

지상스님이 비몽사몽의 상태에서 깨어났을 때, 낭떠러지 밑에서 시커먼 먹구렁이가 기어 올라와 타라는 듯이 등을 내미는 것이었습니다. 살겠다는 일념으로 두려움도 잊고 구렁이 몸에 올라타자, 구렁이는 스님이 떨어지지 않게 꼬리로 몸을 감싸고 살금살금 기어서 산봉우리 위로 올라가 스님을 내려놓는 것이었습니다.

지상스님은 구렁이에게 보은의 절을 하고 발연사로 돌아와 누각 밑의 땅을 팠습니다. 과연 그곳에는 독이 묻혀 있었고, 독 속에는 권선책과 함께 녹슬어 시커멓게 변한 엽전 수백 냥이 노끈에 꿰어져 또아리를 틀고 있는 구렁이처럼 들어 있었습니다.

지상스님은 모든 사연을 대중스님들께 밝히고, 그 돈으로 발연사를 중창하였습니다. 그리고 먹구렁이를 위해 천도재를 올리자, 먹구렁이는 다시 노스님의 모습으로 지상스님의 꿈에 나타나 치하를 하였습니다.

"나는 스님의 덕택으로 구렁이의 몸을 벗고 천상으로 올라갑니다. 감사드립니다."

또한 모감주 염주를 탐내어 죄를 짓고 달아났던 계인스님도 이 소문을 듣고 지상스님을 찾아왔습니다. 그리고 염주를 돌려주며 지난 날을 참회하고 사죄하였습니다.

"이 염주 때문에 나는 죽을 뻔하였고, 계인스님은 죄를 짓게 된 것일세."

지상스님은 염주를 불 속으로 던졌습니다.

절친한 도반보다 더 소중한 염주에 대한 집착 때문에 천길 낭떠러지로 떨어져 죽음 직전까지 갔던 지상스님. 화주한 시주금을 탐냈다가 먹구렁이가 된 노스님. 그리고 관세음보살의 가피로 목숨을 건지고 먹구렁이의 몸을 벗었다는 사실. 이 사실이 확실히 믿어진다면 '나'는 이미 수미봉이나 금강산에서 떨어질 일도 없고, 떨어진다 한들 상처를 입을 까닭도 없습니다.

유심히 우리들 주위로 눈길을 돌려보십시오. 많은 사람들이 탐착(貪着)으로 살아갑니다. 욕심으로 살고 욕심 때문에 죽어갑니다. 많은 돈, 잘난 배우자, 멋진 의식주, 높은 자리 등 재물욕·색욕·식욕·명예욕을 추구합니다. 그리고 그 고지를 향해 열심히 열심히 살아갑니다.

노래 속의 수미봉과 금강산은 내가 올라가고자 하는 고지입니다. 나의 목적지인 그 고지는 동시에 모든 이들이 바라는 자리입니다. 그 고지를 향해 많은 사람들이 올라갑니다. 노력하고 또 노력하여 그 고지에 올라서고자 합니다. 험난한 고지를 향해 오르고 또 올라, 마침내 누군가가 정점에 올라섭니다.

물론 목표점에 도달하는 이도 있고 도달하지 못하는 이도 있습니다. 또 정상에 올라갔더라도 하루 아침에 높은 지위와 명예를 잃고 바닥으로 떨어지는 이가 있는가 하면, 빚쟁이 신세가 되는 부자도 있습니다.

　여기에서 한가지를 반문해 봅시다. 정녕 높은 곳으로 올라가는 것 자체가 잘못된 것입니까? 물론 그 답은 '아니다' 입니다. 도를 닦는 출가수행자의 입장에서 보면 무상(無常)한 것에 집착을 할 까닭이 없겠지만, 세속의 삶에서는 이 노력이 결코 헛된 것만은 아닙니다. 오히려 높이 오르고자 하는 노력이 있기 때문에 향상하고 발전할 수가 있는 것입니다.

　따라서 '올라간다'는 것이 문제가 될 수 없습니다. 문제는 '어떻게 올라가느냐', '올라선 다음 어떠한 자세로 살아가느냐'에 있습니다. 올라가기 위해 주위를 둘러보지 않는 것이 문제이고, 올라선 다음 초심(初心)을 잊는 것이 문제입니다.

　특히 올라갈 때는 큰 문제가 발생하지 않지만, 올라선 다음에는 여러 가지 문제들이 발생합니다. 무엇 때문에 문제들이 생겨나는가? 아상(我相) 때문입니다. 교만 때문입니다. '나' 잘난 것을 내세우는 아상과 교만 때문에 모든 것이 눈 아래로 보이는 것입니다.

　이미 올라갈 때도 많은 적을 만들었는데, 올라서서 눈 아래로 보고 '나보다 못한 놈'이라며 교만을 부리면 누가 그냥 우러러봅니까? 오히려 이때부터 선의의 경쟁자가 아닌 진짜 적이 생겨나고, 적이 쫓아오기 시작합니다. 그 자리를 노리는 이들이 호시탐탐 기회를 노리다가 해를 입히는 것입니다.

반대로 높은 그 자리에서 남을 돌아보고 남을 도와주고 남을 위해 봉사하면 그 명예도 재물도 권력도 행복도 언제나 '나'와 함께 합니다. 세상을 하직하는 그날까지 봉우리를 지킬 수 있고 고지를 지킬 수 있는 것입니다.

잘 점검을 해보십시오. 왜 내가 적에게 쫓깁니까? 고지 위에 서 있는데 왜 마음이 불안합니까?

내가 지켜야 할 자리라고 생각하기 때문입니다. 그 자리에 탐착하고 있기 때문입니다. 바로 이때, 지켜야 할 자리가 아니라 봉사하는 자리, 남을 살리는 자리라고 생각하면 불안감도 적도 저절로 사라지고, 그렇게 내가 보람스러울 수가 없습니다.

이 원리를 잘 아는 것이 저 관세음보살님을 생각하는 힘인 염피관음력이라는 것을 꼭 기억하시고, 베풀 수 있는 높은 자리에 있을 때 많이 베풀고 많이 살려내기를 당부 드립니다.

이제 이 노래가 깨우쳐 주는 또 한가지 교훈을 덧붙이고자 합니다. 먼저 이야기 한 편부터 살펴봅시다.

절 집안에서 나의 사숙님되는 스님이 울산의 문수암이라는 영험처에 가서 백일기도를 했습니다. 사숙님은 '관세음보살'을 부르며 열심히 기도를 했습니다. 그런데 70일 가량 되었을 때 문득 한 생각이 치솟았습니다.

"관세음보살을 지극히 부르면 수미산 꼭대기나 금강산에서 떨어져도 털끝 하나 다치지 않는다고 하셨지."

그 생각에 사로잡힌 스님은 이튿날 목탁을 치며 법당 밖으로 나가 30m가 넘는 절벽 아래로 뛰어내렸습니다. 물론 스님에게는 죽음만이 기다리고 있었습니다.

§

망상이 앞을 가린 향상의 길이란 없습니다. 망상이 앞선 기도의 결과는 허망일 뿐입니다. 이 이야기가 일러주듯이, 기도를 하거나 고지를 향해 올라갈 때 망상에 사로잡혀서는 안됩니다.

기도의 목표와는 달리 사숙님은 문득 일어난 망상에 휩싸였습니다. 그리고는 그 망상을 좇아 여러 사람이 보는 앞에서 '관세음보살'을 외치며 절벽 아래로 뛰어내렸습니다. 망상을 따라가지 않고 30일만 더 꾸준히 기도하였으면 소원성취를 하였을 것을, 일어나는 망상으로 스스로를 흔들어 가피 대신 망조(亡兆)를 불러들인 것입니다.

더욱이 부처님과 관세음보살님을 시험하고 망상실험까지 하였으니 어찌 죽지 않을 수 있겠습니까? 그 망상이 스스로를 망치는 쪽으로 끌고 간 것입니다.

정녕 기도하는 우리는 망상이 일어나더라도 다시 '관세음보살'로 돌아가 계속 기도를 하면 됩니다. 그렇게 하면 거짓된 것들이 저절로 사라지고, 거짓된 것들이 사라지면 참된 성취가 또렷이 모습을 나타내게 되는 것입니다.

자기가 망상을 일으켜 자기를 흔든다.
자기가 망상에 집착하여 자기를 해친다.

이것이 가장 큰 문제입니다. 기도인 뿐만 아니라 고지를 향해 나아가는 이들도 마찬가지입니다. 헛된 망상 속에 사로잡히지 마십시오. 올라가는 길, 향상의 길에 방해만 될 뿐입니다. 오히려 스스로를 잘 살펴 맞는 봉우리를 택하여 나아가는 것이 중요합니다. 헛된 망상, 엉뚱한 욕심을 부려서는 안됩니다. 그 망상이 나아가는 길의 가장 큰 장애물이요 나아갈 길을 망친다는 것을 잘 기억하시기 바랍니다.

부디 바라건대, 망상을 잠재우는 순수한 마음으로 향상의 길로 나아가십시오. 많이 알수록 겸양하고, 지위가 오를수록 맑게 살며, 부유해질수록 베풀고자 하십시오. 이와같이 산다면 그는 염피관음력으로 사는 분이며, 최상의 고지에 올라서도 털끝하나 다치지 않는 분이요 태양처럼 사는 분이 될 것입니다.

⑤ 或値怨賊遶하야 各執刀加害라도
    혹 치 원 적 요   각 집 도 가 해

念彼觀音力으로 咸卽起慈心하며
염 피 관 음 력   함 즉 기 자 심

원수나 도둑들이 주위를 에워싸고
제각기 칼을 들고 해치려 할지라도
저 관세음보살을 생각하는 힘으로
도리어 그들이 자비심을 일으키네

  이 세상에는 도둑이나 흉폭한 이들이 처처에 있습니다. 그래서 사람들은 두려움을 느낍니다. 특히 요즈음과 같이 유괴·살인·방화·인신매매·강간 등의 사건이 자주 일어나는 세상을 살아갈지면 불안하기 그지없습니다. 불안하기 때문에 하지 않아도 될 걱정을 하고, 불안하기 때문에 공포심을 떨쳐버리지 못합니다. 확률적으로 보면 도난이나 재난을 당하는 사람보다 당하지 않는 사람이 훨씬 많은데도, 우리는 마냥 불안해합니다.
  하지만 '나'에게 다가오는 일을 꿰뚫어 보면 이 모두가 인과(因果)일뿐입니다. 전생에 내가 도둑질을 하였기 때문에 금생에 도둑을 맞게 되는 것입니다.

그러므로 불자인 우리는 도둑에 대한 피해의식에 사로잡혀 살아서는 안됩니다. 오히려 인과응보로 다가오는 일이라면 피할 수 없는 법. '만약 당하게 된다면 빚을 갚는 것'이라는 편안한 자세로 임할 뿐, 불안에 휩싸이면 안됩니다. 불안에 휩싸이면 불행해집니다.

이 다섯번째 노래에서는 그와같은 과보가 돌아왔을 때 관세음보살님의 자비를 생각하면 오히려 그 적이 자심(慈心)을 일으킨다고 하였습니다. '나'를 해치는 것이 아니라, '나'를 생각하고 위할 수 있는 존재로 바뀐다는 말씀입니다. 과연 이와같은 일이 가능할까요? 물론 가능합니다. 다가온 현재의 사건이 보이지 않는 '나'의 업(業)임을 긍정하고 미소를 지으며 받아들일 수 있으면 얼마든지 가능합니다.

❀

옛날 칠리라는 스님이 조그마한 토굴에서 염불을 하고 있을 때, 강도가 들어와 칼을 들이대며 위협했습니다.

"돈을 내어놓으시오. 죽기 싫거든."

"돈은 저 함 속에 있으니 방해하지 말게."

스님은 염불을 계속하였고, 강도는 허겁지겁 돈을 챙겨 떠나려 하였습니다. 그때 스님은 말했습니다.

"내일 시장에 가서 재(齋)를 지낼 음식을 사야 하니 조금 남겨두고 가게나."

스님의 초연한 행동에 기가 눌린 강도가 돈을 조금 떼어 놓은 뒤 방문을 열고 나가려 하자 스님이 다시 불렀습니다.

"남의 것을 받았으면 고맙다는 인사는 해야지."

"감사합니다."

강도는 엉겁결에 답례를 하고 달아났습니다. 그리고 며칠 뒤, 강도는 또 다른 집을 털다가 잡혔고, 관가의 추문 끝에 스님의 절을 턴 일까지 고백하게 되었습니다. 증인으로 불려간 스님은 관리들에게 말했습니다.

"다른 사람은 몰라도, 나에 관한 한 저 사람은 강도가 아닙니다. 돈은 분명히 내가 저 사람에게 주었고, 저 사람 또한 분명히 감사하다는 인사를 했습니다."

그 말씀에 감격한 강도는 형을 마친 뒤 칠리스님을 찾아와 제자가 되었습니다.

ஃ

칠리스님의 넉넉하고 편안한 마음에는 칼을 든 강도도 강도가 아니었습니다. 오히려 스님은 도심(盜心)을 완전히 버린 제자를 하나 얻었을 뿐입니다.

평소에 관세음보살을 염하며 다생다겁의 잘못을 무조건 참회하고, 관세음보살님의 자비를 그리며 사는 불자라면 절대로 도둑이나 강도의 불안에 휩싸일 필요가 없습니다. 사회적인 각종 불안에 빠져들어야 할 까닭이 없습니다. 그냥 해야할 바를 하면서 평화로운 마음으로 살아가면 됩니다.

다만 걱정을 해야할 것은 외부의 도둑이나 강도가 아닙니다. 내 마음속의 적, 내 마음속의 도둑을 걱정해야 합니다. 그것이 무엇인가? '나'의 마음을 흔드는 번뇌라는 도둑입니다.

번뇌라는 도둑이 내 마음을 흔들면 이제까지 별 문제없이 나아가던 배가 갑자기 요동을 치기 시작합니다. 그리고 마음의 동요가 심해지면 지성도 이성도 상식도 통하지 않습니다. 비참한 결과가 '나'를 덮칠 때라야 비로소 후회하고 멈추게 됩니다. 그러나 이미 때가 늦었다는 것을 어찌 모르겠습니까?

모름지기 우리가 첫 번째로 단속해야 할 적은 마음속의 도둑입니다. 그 다음이 외부의 도둑입니다. 그리고 내가 전생에 '갑'이라는 사람의 재물을 훔쳤다고 하여 '갑'이 그 재물을 찾겠다며 도둑이 되어 내 앞에 나타나는 것은 아닙니다.

그럼 어떻게 도둑을 맞게 되는가? 내가 도심(盜心)을 발하고 도둑질을 한 그 자체가 씨앗이 되어 싹을 틔우고 자라나, 마침내 내가 도둑을 당하는 결실을 보게 되는 것입니다.

그러나 원한(怨恨)이 깊이 맺힌 원수는 다릅니다. 그 원수는 '꼭 복수를 하겠다'는 씨를 스스로의 마음 밭에 깊이 심었기 때문에, 시절인연(時節因緣)이 무르익으면 반드시 나타나 해를 끼칩니다. 그래서 나는 주위 분들에게 '원결(怨結)을 맺지 말 것'을 누누이 강조합니다.

도둑질처럼 '나'의 마음 밭에서 자라는 허물은 '나'의 참회로도 녹일 수 있지만, 상대방의 마음에 뿌리를 내린 원결은 '나' 혼자만의 참회로는 쉽사리 풀 수가 없습니다. 그럼 어떻게 해야 하는가?

바로 이때 필요한 것이 '저 관세음보살을 생각하는 힘[念彼觀音力]'입니다.

❀

중국 양나라 때 양주 땅에 살았던 정백린(程伯鱗)은 평소 관세음보살을 정성껏 부르며 기도하였습니다. 어느 해 여름, 전쟁이 일어나 적병이 양주 땅으로 쳐들어오게 되자, 정백린은 집안에 모신 관세음보살님께 가족의 안전을 기원했습니다. 그날 밤, 정백린의 꿈에 나타난 관세음보살님은 말씀하셨습니다.

"그대 가족 17명 중 16명은 무사히 피난할 수 있지만, 한 사람만은 안 된다."

"그 한 사람이 누구입니까?"

"바로 그대이니라."

"어찌하여 그러합니까?"

"그대는 과거 전생에 어떤 사람을 칼로 26번이나 베어 죽인 일이 있었다. 그 사람이 지금 대장군 왕마자(王麻自)가 되어 양주 땅으로 쳐들어오고 있다. 이제 그대는 전생의 과보로 왕마자의 칼에 죽임을 당할 것이다. 그대는 홀로 집안에 남아 피난가는 가족들이라도 온전히 살아남을 수 있도록 함이 좋으리라."

꿈은 너무나 생생하였습니다. 정백린은 가족을 모두 피난시킨 다음, 집안의 관세음보살상 앞에 앉아 정성을 다해 염불했습니다. 5일이 지나자 칼을 뽑아든 장군 한 사람이 대문을 박차고 집안으로 들어섰고, 정백린은 담담한 자세로 그를 맞이하였습니다.

"어서 오십시오. 왕마자 장군."

"어? 어떻게 나의 이름을 알고 있소?"

어리둥절해하는 왕마자에게 정백린은 관세음보살님께서 현몽한 이야기를 들려준 다음, 왕마자 앞에 무릎을 꿇고 말했습니다.

"내가 전생에 당신을 죽였으니, 오늘 내가 당신의 손에 죽는 것은 너무나 당연합니다. 기꺼이 죽겠습니다. 다만 한 가지, 우리의 원결은 오늘 이 자리에서 모두 풀어버리고 다시는 서로 원수가 되지 맙시다."

그 말을 들은 왕마자는 가슴이 확 뚫리는 것을 느꼈습니다.

"좋소이다. 오늘로써 전생의 원한을 모두 풀고, 앞으로는 세세생생 다정한 벗이 됩시다."

왕마자는 정백린의 몸을 칼등으로 가볍게 26차례 내리친 다음 부하들을 이끌고 떠나갔습니다.

⁕

이 정백린처럼, 염피관음력에 의지하여 평소에 꾸준히 기도생활을 하면, 뜻밖의 재난이나 원수가 이르렀을 때 관세음보살님의 가피가 저절로 임합니다. 그리하여 상대의 마음 깊은 곳에 맺힌 원결이 풀어지게 됩니다.

정백린. 그는 다가오는 업보를 피하고자 하지 않았습니다. 무섭기 그지없는 죽음의 그림자를 편안한 마음으로 기도를 하며 맞이할 준비를 했습니다. 그리고 상대가 찾아왔을 때 참회와 함께 죽이라고 한 다음, 더 이상의 원결을 맺지 않겠다는 뜻에서 '다시는 서로 원수가 되지 말자'고 했습니다.

이와같은 정백린이야말로 '참 불자'라고 하지 않을 수 없습니다. 과연 이 참 불자를 대하는 원수의 모습은 어떻게 바뀌었습니까? 칼을 휘두른 것이 아니라 원결을 풀고 친구가 되었습니다. 복수심이 더 없는 자비심으로 바뀌었습니다.

즉기자심(卽起慈心)! 관세음보살을 염하는 행자는 '나'와 '나' 주위의 사람들 마음이 모두 편안해질 그날까지 '염피관음력'을 잊지 말아야 할 것입니다.

⑥ 혹조왕난고   임형욕수종
   或遭王難苦하야 臨刑欲壽終이라도
   염피관음력   도심단단괴
   念彼觀音力으로 刀尋段段壞하며

왕으로부터 벌을 받는 고난을 만나
형을 받고 죽음이 임박했을지라도
저 관세음보살을 생각하는 힘으로
칼날 등의 흉기가 조각조각 부서지며

⑦ 혹수금가쇄   수족피추계
   或囚禁伽鎖하야 手足被杻械라도
   염피관음력   석연득해탈
   念彼觀音力으로 釋然得解脫하며

불행히 옥에 갇혀 큰 칼을 쓰거나
손과 발에 쇠고랑을 찼을지라도

저 관세음보살을 생각하는 힘으로
시원스레 풀어져 자유를 얻으리라

　여섯번째 노래의 주제는 왕난(王難)이요, 일곱번째 노래의 주제는 옥난(獄難)입니다.
　옛날 전제군주시대에는 가장 무서운 것이 왕으로 인한 재난인 왕난이었습니다. 그 대표적인 것이 구족(九族)을 멸한다는 대역죄요, 그밖에도 폭군을 만나게 되면 수많은 관리와 백성들이 왕난을 당하게 됩니다.
　시대가 바뀐 요즈음에는 왕난이야 있을 수 없지만, 국가적인 이익을 내세운 무고한 사람의 희생이 없지 않아 있습니다. 정권유지를 위해 간첩단으로 몰아 사형에 처한다거나, '실미도'와 같은 불행한 사건도 일어났었습니다.
　그런데 아득한 옛날부터 오늘에 이르기까지, 왕난이나 국가에 의해 사형선고를 당한 다음 무사히 풀려난 영험담은 생각외로 많이 전해지고 있습니다. 더욱이 **도심단단괴(刀尋段段壞)**, 망나니의 내리치는 칼날이 조각조각 부서져 살아난 예도 더러 전합니다. 이러한 영험담 중 우리 불자들에게 가장 널리 알려진 것은 손경덕의 이야기일 것입니다.

중국 제나라때 고제(高帝)밑에서 높은 벼슬을 지낸 손경덕(孫敬德)은 집안에 관세음보살상을 모시고 항상 공경히 섬겼습니다.

어느 때 손경덕은 간악한 무리들의 모함으로 대역죄를 뒤집어 쓰고 3일 후 사형에 처해지게 되었습니다. 죽을 날을 기다리며 옥에 갇힌 그는 억울함과 초조함과 원망스러운 마음을 걷잡을 수가 없었고, 마침내 그 원망이 관세음보살님께로 향했습니다.

"내가 평소에 관세음보살님 대하기를 소홀히 하지 않았거늘, 어찌 이렇듯 큰 누명을 쓰고 죽어야 한다는 것인가? 대자대비하다는 관세음보살님도 무심하기 그지없구나…."

이렇게 원망도 하고 은근히 관세음보살님의 구원도 바라면서 몸을 뒤척이다가 잠이 들었습니다. 그런데 비몽사몽간에 노스님 한 분이 나타나, 일찍이 들어본 적이 없는 『구고관음경(救苦觀音經)』을 가르쳐 주신 다음 말했습니다.

"이 경을 1천번만 일심으로 외우면 죽음을 면하리라. 빨리 일어나 외우도록 하여라."

손경덕은 황급히 일어나 노스님께서 일러주신 『구고관음경』을 기억해 보았고, 3백 글자가 넘는 경문이 저절로 외워졌습니다. 손경덕은 이 경을 지성으로 외웠습니다. 밥을 먹는 것도 잠을 자는 것도 잊어버리고 오직 이 경만 외웠습니다.

드디어 처형을 당하는 날이 다가왔지만, 손경덕은 조그마한 공포심도 없이 의연히 웃옷을 벗고 형장으로 향하는 수레 위에 앉았습니다. 그리고 오로지 『구고관음경』만을 지성으로 외워 형장에 이르기 직전에 겨우 1천번을 외워 마쳤습니다.

마침내 망나니는 칼을 번쩍 들어 손경덕의 목을 내리쳤습니다. 그런데 뜻밖에도 칼은 세 조각이 나면서 부러졌고, 손경덕의 목은 흠 하나 없었습니다. 망나니가 세 번이나 칼을 바꾸어 형을 집행하였지만 결과는 마찬가지였습니다.

당황한 사형 집행관이 왕에게 이 사실을 보고하자, 왕은 즉시 손경덕을 불러 물었습니다.

"도대체 그대가 어떤 환술(幻術)을 부린 것인가?"

"환술이 아니라 『구고관음경』을 외웠을 뿐입니다."

관세음보살님의 위신력에 감복한 왕은 손경덕을 사면함과 동시에, 『구고관음경』을 자신의 왕명을 따 『고왕경(高王經)』이라 이름한 다음 백성들에게 널리 읽도록 명하였습니다.

손경덕은 집으로 돌아와 관세음보살상 앞에서 감사의 예배를 올렸습니다. 그리고 관음상을 살펴보니 목에 칼을 맞은 자국이 세군데나 있었습니다. 관세음보살님께서 대자비로 손경덕의 고통을 대신 받고 목숨을 살려준 것입니다.

이것이 염피관음력(念彼觀音力)입니다. '관세음보살'을 염불하는 것이나 『관음경』·『고왕경』 등을 읽으며 관세음보살님의 자비나 구원능력을 생각하는 것이나 조금도 다를 바가 없습니다. 모두가 염피관음력인 것입니다.

손경덕의 경우처럼 왕난으로 죽게 된 경우에도 염피관음력으로 능히 살아나는데, 그보다 위기가 덜한 옥난(獄難)이야 어찌 보다 쉽게 해결되지 않겠습니까? 옥에 갇혀 큰 칼을 쓰고 쇠고랑을 찼을지라도, 관세음보살을 부지런히 염하면 **석연득해탈**(釋然得解脫)한다고 하였습니다.

'석연(釋然)'이란 '시원스럽게 녹아 없어진다'는 뜻을 지닌 단어입니다.

석연대해탈! 시원하게 풀려 해탈을 얻는다.

과연 무엇부터 시원하게 풀려야 할까요? 욕심이 많고 바람이 많은 우리는 '나'를 둘러싸고 있는 어려움들이 사라지기를 원합니다. 그리고 감옥 속의 사람들은 감옥에서 풀려나오기를 희구합니다. 그러나 진정으로 벗어나고 풀려나기를 바란다면 '나'의 마음부터 자유로워져야 합니다.

매우 죄송스러운 말이 될 수도 있겠지만, 감옥이 법당으로 느껴지면 '나'는 이미 풀려난 사람입니다. 철장 속에 갇혀 있어도

'나'의 마음이 편안해지면 그곳이 법당이요 선방입니다. 갇혀 있어도 이 마음을 깨닫게 되면 자유롭게 활동 할 수 있습니다.

정녕 갇혀있는 '나' 자신이 석연히 해탈을 얻기를 바란다면 '나'부터 돌아볼 줄 알아야 합니다. '나' 속에 도사리고 있는 이기심·욕심·분노심부터 없앨 수 있어야 합니다. 그 '나'가 얼마나 많은 잘못을 저질렀는지를 깨닫고 반성하여 무아(無我)의 '나'로 탈바꿈 시켜간다면 해탈은 결코 어려운 것이 아닙니다.

만약 지금의 '나'가 갇힌 몸으로 있다면 지금부터라도 '나'보다 남을 돌아보고자 하십시오. 그리고 '관세음보살'을 부르며, "모든 사람을 평등하게 아끼고 사랑할 수 있는 사람이 되겠다"는 서원을 세워보십시오. 염피관음력이 결코 헛되지 않아, 해탈을 머지않아 얻게 될 것입니다.

⑧ 呪詛諸毒藥으로 所欲害身者라도
　　주 저 제 독 약　　소 욕 해 신 자
念彼觀音力으로 還着於本人하며
　염 피 관 음 력　　환 착 어 본 인

주술과 저주와 여러가지 독약으로

해치려는 사람이 있을지라도
저 관세음보살을 생각하는 힘으로
오히려 그 사람이 해를 입게 되느니라

요즈음은 주문을 외워 사람을 죽이거나 해를 끼치는 일이 없지만, 옛날에는 나쁜 주문을 외워 상대를 죽음으로 몰아넣거나 상하게 하는 주술이었습니다. 특히 인도·중국·티벳 등에서는 저주의 주문에 대한 이야기가 많습니다.

우리 나라에서도 장희빈을 비롯한 조선시대의 궁중 여인들 사이에서 남을 해치려는 저주(詛呪)가 가끔씩 이용되었습니다. 죽이려고 하는 상대방의 인물 그림을 벽에 붙여 놓고 주문을 외우며 활을 쏘거나, 신당에 흉악한 귀신의 상을 만들어놓고 해치고자 하는 인물의 생년월일을 쓰면서 주문을 외워 망하게 하거나, 허수아비를 죽이려고 하는 시체로 가정하여 주문을 외우며 못가에 묻기도 하였습니다. 참으로 벌 받을 행위들입니다.

요즈음도 독약·가스·방화 등으로 흔적없이 남을 해하는 사건이 자주 일어나고 있습니다. 그래서 사람들은 세상이 무섭다고 합니다. 사람이 무섭다고 합니다. 세상과 사람에 대해 두려움을 느낍니다.

하지만 관음행자들은 두려워할 필요가 없습니다. 왜냐하면 그 염피관음력이 어떠한 저주도 독약도 접근을 하지 못하게 막아주기 때문입니다. 염피관음력이 무형의 막을 형성하여 우리를 보호하기 때문에 주술 등 어떠한 나쁜 기운도 우리에게 다가서지를 못합니다. 도리어 그 저주 등은 염피관음력으로 인해 그 사람 자신에게로 돌아갑니다.

오히려 해치려 하는 그 사람에게 돌아간다는 '**환착어 본인(還着於本人)**!' 부처님께서는 다음과 같은 가르침을 주셨습니다.

❀

부처님께서 죽림정사에 계실 때의 일입니다. 어느 날 한 바라문이 몹시 화가 나서 찾아왔습니다. 자기 친척이 부처님의 강압에 못이겨 출가하여 승려가 된 것으로 오해를 하였던 그는 온갖 추악하고 나쁜 말로 부처님을 저주하였습니다. 부처님께서는 묵묵히 듣고 계시다가 제 풀에 지쳐 조용해지자 말씀하셨습니다.

"그대의 집에도 간혹 찾아오는 손님이 있을 것이오."

"물론이지!"

"찾아온 손님에게 음식이나 차를 대접합니까?"

"당연하지!"

"그런데 손님이 받아 먹지 않는다면 그 음식은 누구의 것이 됩니까?"

"먹지 않고 가면 당연히 모두가 나의 것이 되겠지."

"바라문이시여, 그대는 오늘 내 앞에서 여러 가지 나쁜 말과 욕을 하였지만, 나는 그것을 받지 않았소. 자연 그것은 그대의 것이 될 수 밖에 없지요."

8

바라문의 독설은 결국 누구에게로 돌아갔습니까?

잘 생각을 해보십시오. 하늘을 향해 저주의 침을 뱉으면 떨어질 곳이 어디 있겠습니까? 역풍에 독가루를 날리면 어디로 가겠습니까? 오히려 본인에게로 돌아갈 뿐입니다. 이것이 환착어본인(還着於本人)입니다.

실로 인생살이에서 두려워할 것은 저주나 독약이 아닙니다. '되돌아 떨어질 곳〔還着〕'을 알지 못하는 것을 두려워해야 합니다. 되돌아 떨어질 곳을 아는 사람은 절대로 저주를 하지 않습니다. 사람을 저주하고 세상을 저주하여 독약을 마시거나 독약을 먹이는 이상한 짓을 하지 않습니다.

우리는 되돌아 떨어질 곳을 알고 살아야 합니다. 자업자득(自業自得)의 평범한 진리를 명심하며 살아야 합니다. 이 진리를 알고 사는 사람은 그릇되게 살지 않습니다. 더욱이 우리가 염피관음력으로 살면 어떻게 되겠습니까? 관세음보살님께서 갖추신 자비의 힘, 크나큰 위신력을 생각하는 우리에게는 자비와 평화와 행복만이 깃들 수밖에 없습니다.

그렇습니다. 환착어본인의 원리가 그러하기 때문이요 자업자득의 원리가 그러하기 때문입니다.

이제 염피관음력에 대한 굳건한 믿음을 가지십시오. 그리고 관음력(觀音力)을 '나'의 근본 힘으로 삼고자 하십시오. 믿고 근본으로 삼으면 내가 돌아가 있는 곳은 결국 관세음보살의 보궁(寶宮)입니다. 그 대자비의 보궁 속에 있는데 어떻게 저주가 통하겠으며 독기운이 침범하겠습니까?

만약 지금 저주와 독약을 품고 있는 이가 있다면 '관세음보살'을 염하십시오. 만약 지금 자포자기의 상태에 빠져 있다면 저 관세음보살님의 힘을 생각하며 다시 제자리로 돌아오십시오.

환착어본인(還着於本人)! 때가 되면 저절로 맑은 날이 됩니다.

※

옛날, 두 여인이 피치 못할 죄를 짓고 조그마한 암자로 도망을 쳤습니다. 암자의 스님은 두 여인을 가엾게 여겨 계(戒)를 주셨고, 여승이 된 그녀들을 멀리 피하게 했습니다.

그런데 이것이 이상한 소문으로 퍼졌습니다. 암자의 스님이 죄를 고백하는 두 여인을 협박하여 범하였으며, 그 죄상이 드러날까 두려워 여승으로 만든 다음 먼 곳으로 피신을 시켰다는 것이었습니다.

터무니없는 소문이 스님에게는 너무나도 억울한 누명이었습니다. 복받쳐 오르는 감정을 누를 길이 없었던 스님은 그 사실을 밝히기 위해 큰 절로 향했습니다. 그런데 스님이 가는 길에 목동이 노래를 부르며 거슬러 올라오고 있었습니다.

걱정 말라 북산에 내리는 소나기
때가 되면 저절로 개일 것이니

그 노래를 듣는 순간, 스님은 깨달은 바가 있어 다시 암자로 발길을 돌렸습니다.

8

우리는 자기변명을 위해 귀중한 시간을 허비하고 본분을 잃을 때가 많습니다. 그러나 스님은 이 짧은 노래를 듣는 순간 자신의 본분을 깨달았습니다. 헛소문이나 중상모략, 원망이나 해명이 모두 북쪽 산에 몰아치고 있는 소나기와 같을 뿐이라는 것을 깨달은 것입니다. 원래의 쾌청하던 하늘이 오늘 소나기 구름에 잠시 가리워졌음을 깨달은 것입니다.

원래 쾌청한 하늘인진데, 무엇 하러 먹구름이나 소나기에 집착을 할 것입니까? 헛소문의 먹구름이나 중상모략의 소나기에 대한 집착을 놓아버리고 본분으로 돌아가면 잠시 뒤에 원래의 개인 하늘을 되찾게 된다는 것을 왜 잊고 삽니까?

이 세상에는 관세음보살님의 전파가 가득 흐르고 있으며, 이 전파를 받아쓰는 방법은 간단합니다. 되돌아 갈 곳이요 결과가 떨어질 곳인 환착지(還着地)를 잘 알아서 염피관음력으로 살면 됩니다. 어찌 저주나 독약 등의 재난이 두렵겠습니까?

모름지기 관세음보살님에 대한 믿음으로 관세음보살을 '나'의 근본으로 삼고 살면, 저절로 그 대자비의 전파를 받을 수 있고 크나큰 행복을 누릴 수 있게 되는 것입니다.

불자들이여, 부디 잊지마십시오. 염피관음력(念彼觀音力)을!

⑨ 惑遇惡羅刹과　毒龍諸鬼等이라도
　　念彼觀音力으로　時悉不敢害하며

흉악하기 그지없는 나찰을 만나고
독룡이나 여러 악귀 만날지라도
저 관세음보살을 생각하는 힘으로

누구라도 감히 해치지 못하느니라

나찰(羅刹)은 불경 속에 자주 등장하는 마력(魔力)을 지닌 악귀입니다. 남자 나찰은 추하고 여자 나찰은 매우 아름답게 생겼는데, 인간의 피와 살을 먹으며 산다고 합니다. 또한 독룡(毒龍)과 제귀(諸鬼)는 매우 민첩하고 힘이 센 식인귀(食人鬼)로, 모두가 나찰의 나라에 산다고 합니다.

과학이 발달한 오늘날을 사는 사람들에게 나찰·독룡·악귀의 해침을 이야기하면 모두가 믿으려 하지 않습니다. 물론 믿지 않아도 좋습니다. 나찰·독룡·악귀라 하여 죄없고 맷힘이 없는 인간을 해칠 수는 없기 때문입니다.

그러나 눈에 보이지 않는다고 하여 그들의 존재나 해침을 불신하는 것은 바람직하지 못한 태도입니다. 그리고 나찰·독룡·악귀의 해침을 불신할지라도, 이 나찰·독룡·악귀가 절대로 침범할 수 없는 한가지가 있다는 것은 분명히 믿어야 합니다.

그 한가지가 무엇인가? 바로 불보살님께서 늘 은근히 보호해주시는 명훈가피(冥熏加被)입니다. 이제 이와 관련된 1백여년 전의 실화 한 편을 통하여 나찰 등의 악귀와 불보살님의 명훈가피에 대해 함께 음미해보도록 합시다.

조선시대 말기, 효성(曉性)스님은 13세에 쌍계사로 출가하여 대웅전 노전(爐殿)스님의 상좌가 되었습니다.

전등을 밝히는 오늘날과는 달리 당시에는 저녁 예불이 끝난 다음부터 새벽 예불 때까지 법당 안에 등불을 밝혔습니다. 둥근 그릇 모양의 등잔에 참기름을 가득 붓고 종이 심지를 달아 밤마다 불을 밝히면 3일은 쓸 수가 있었습니다.

어느 해 가을, 법당 청소를 하다가 등잔을 살펴본 노전스님은 참기름이 한 방울도 남아있지 않은 것을 발견하였습니다.

'분명히 어제 기름을 넣었는데 왜 한 방울도 없지?'

이상하게 생각하면서 노전스님은 기름을 채웠습니다. 그런데 이튿날 아침에 살펴보니 또 기름이 없었습니다. 등잔을 살펴보았으나 깨어진 흔적은 커녕 구멍 하나 없었습니다. 괴이하게 여기며 스님은 또다시 등잔에 참기름을 채웠고, 그 이튿날도 똑같은 일이 일어나자 확신을 하게 되었습니다.

'누군가가 밤마다 등잔에 손을 대는 것이 틀림없구나.'

그날 밤 노전스님은 13세의 효성사미를 데리고 법당의 신중단 탁자 밑으로 들어가 밤을 새웠습니다. 탁자는 천으로 가리워져 있어 밖에서는 그 밑을 볼 수가 없었습니다. 탁자 밑에서 숨을 죽이고 있던 효성사미는 자기도 모르는 사이에 잠이 들었는

염피관음력(念彼觀音力)

데, 갑자기 은사스님의 고함소리가 들려왔습니다.

"이놈, 게 섰거라!"

깜짝 놀란 효성사미가 눈을 떠보니, 법당 가운데 문 앞에 키가 9척이나 되고 검은 옷을 입었는지 검은 털이 났는지 분간이 되지 않는 괴물이 서 있었습니다. 머리와 팔다리와 몸뚱이가 모두 있고 우뚝 서 있었지만, 사람은 아닌 듯 하였습니다.

고함을 치며 신중단 탁자 밑을 나간 노전스님은 그에게 앉도록 한 다음 대화를 시작했습니다.

"사람이냐? 짐승이냐?"

"사람도 짐승도 아닙니다."

"그럼 무엇이냐?"

"목신(木神)입니다."

"목신이면서 어찌 감히 부처님 전에 올리는 등잔의 기름을 훔치는 것이냐? 그 과보가 얼마나 큰 지를 모르느냐?"

"어찌 그것을 모르겠습니까? 하오나 피치 못할 사정이 있어 죄를 지을 수 밖에 없습니다."

"무엇 때문이냐?"

"저는 이 절 밑의 화개마을 이판서댁 뒤 뜰에 서 있는 은행나무입니다. 이제 나이가 많아 발등이 땅 밖으로 나와 있는데, 무식한 머슴들이 제 발등에 나무를 올려 놓고 도끼질을 해서 장작을 팹니다. 판서댁에서 겨울 내내 쓸 장작을 여러 머슴들이 계속 준비하다보니, 제 발등의 이곳 저곳은 온통 상처투성이가 되고 맙니다. 이 상처와 아픔을 달랠 약은 다른 곳에서 구할 수가 없습니다. 오직 부처님께 올리는 이 등잔의 기름을 발라야만 하룻밤 사이에 아픔이 사라지고 딱지가 앉습니다. 그런데 머슴놈들이 매일 장작을 패기 때문에 며칠동안 계속 부처님의 기름을 바르지 않을 수 없었습니다. 이해해주십시오."

"네가 진짜 목신이라면 인간보다는 힘이 셀 것이 아니냐? 얼마든지 보복을 할 수 있을텐데?"

"보복을 하는 것은 너무도 쉽습니다. 그러나 아직 그 집의 운이 다하지 않았는지, 이판서가 아침에 일어나 세수를 하고 나면 정좌를 하고 '신묘장구대다라니'를 한번 읽습니다. 그 힘 때문에 지기(地氣)를 비롯한 어떤 기운도 힘을 쓰지 못합니다. 하지만 여든이 넘은 이판서가 앞으로 얼마나 더 살겠습니까? 이판서가 죽고나면 보복을 할 생각입니다."

"내가 가서 앞으로는 머슴들이 너의 발등 위에서 장작을 패는 일이 없도록 할 것이니, 보복을 할 생각을 하지 말아라."

"인간들이 해를 가하지 않으면 절대로 우리가 먼저 해치지 않습니다. 그렇게만 해주시면 그 이상 고마울 일이 있겠습니까?"

목신은 절을 한 다음 사라졌고, 노전스님은 날이 밝기가 바쁘게 이판서를 찾아가 자초지종을 이야기하였습니다. 깜짝 놀란 이판서는 머슴들을 불러모아 땅 위로 노출된 은행나무의 뿌리를 부드러운 흙으로 덮도록 하고, 허리 높이 정도의 울타리를 만들어 누구도 나무에 접근을 하지 못하도록 하였습니다.

그리고 제사상을 차려 은행나무에 공양을 올렸습니다. 그 뒤 쌍계사 대웅전의 등잔 기름은 훼손 당하는 일이 없었습니다.

ஃ

13세의 사미 시절에 이와같은 일을 경험한 효성스님은 노년에 나를 비롯한 여러 승려에게 이 이야기를 들려주셨습니다.

수백년된 목신은 힘이 없어 보복을 하지 못한 것이 아닙니다. 늙은 이판서가 날마다 외우는 '신묘장구대다라니'의 가피력 때문에 어떠한 보복도 하지 못한 것입니다. 하루도 거르지 않고 정성껏 신묘장구대다라니를 독송했기 때문에 관세음보살의 가피를 입어, 어떠한 사기(邪氣)도 이판서의 집안을 범할 수 없었던 것입니다.

이것이 명훈가피요, **'누구라도 감히 해칠 수 없다'**는 시실불감해(時悉不敢害)입니다.

신묘장구대다라니를 외워 관세음보살님의 가피를 입는 것이나, 이『관음경』의 염피관음력(念彼觀音力)은 조금도 다를 바가 없습니다.

다시 한번 음미해 보십시오. 이판서는 아주 특별한 신심을 갖춘 분이 아니었습니다. 신묘장구대다라니를 많이 외운 것도 아니었습니다. 매일 아침, 오직 한 차례만 외웠을 뿐입니다. 그런데도 목신은 '이판서가 살아있는 이상 절대로 보복을 못한다'고 하였습니다. 이 얼마나 불가사의한 관세음보살님의 가피입니까?

우리가 관세음보살님의 명훈가피를 입는 것은 결코 어려운 일이 아닙니다. 저 관세음보살님을 생각하는 힘! 곧 염피관음력이 있으면 됩니다. 하루에 관음경 한 편의 독송, 매일 단 10분의 '관세음보살' 염불이나 몇 차례의 신묘장구대다라니 독송을 통하여 능히 명훈가피를 입을 수 있습니다.

당부드리건데, 꾸준히 염피관음력을 키워가십시오. 꾸준하게만 하면 틀림없이 관세음보살님의 가피를 입어 나찰·독룡·악귀 등의 해침은 물론이요, 모든 재난이 저절로 피해가게 된다는 것을 꼭 기억하시기 바랍니다.

⑩若_약惡_악獸_수圍_위繞_요하야 利_이牙_아爪_조可_가怖_포라도

염피관음력(念彼觀音力)

염 피 관 음 력　　　질 주 무 변 방
念彼觀音力으로　疾走無邊方하며

사나운 짐승들이 주위를 에워싸고
날카로운 이빨과 발톱으로 위협해도
저 관세음보살을 생각하는 힘으로
아득히 먼 곳으로 흩어져 달아나며

원 사 급 복 갈　　　기 독 연 화 연
⑪蚖蛇及蝮蠍이　氣毒煙火燃이라도
염 피 관 음 력　　　심 성 자 회 거
念彼觀音力으로　尋聲自廻去하며

살모사 등의 독사나 전갈류들이
타는 불의 연기처럼 독기를 뿜어도
저 관세음보살을 생각하는 힘으로
그 소리를 듣고서 스스로 돌아가니라

　열번째, 열한번째 염피관음력의 게송은 맹수나 독을 품고 있는 독사·전갈·독벌레 등의 위협을 받았을 때 입게 되는 관세음보살의 가피를 설한 것입니다.
　옛날에는 산에 들어가거나 생업을 위해 먼 곳으로 갈 때 맹수나 독사·전갈 등의 피해를 매우 두려워 하였지만, 요즈음은 이들로 인한 피해가 거의 없어졌습니다. 여간 다행한 일이 아닙니다.

그러나 현대인에게는 맹수나 독사·전갈보다 더 무서운 것이 있습니다. 그것은 내부에서 기르고 있는 날카로운 이빨과 발톱이요, 내부에서 뿜어내는 독기입니다.

맹렬한 '나'의 욕심은 맹수의 이빨이나 발톱과 다를 바가 없습니다. 일단 할퀴거나 물고 나면 나와 남에게 큰 피해를 줍니다. 또한 시기하고 질투하고 성을 낼 때 뿜어내는 독기가 어찌 살모사나 전갈의 독보다 약하겠습니까?

실로 우리가 탐욕의 이빨로 물어 뜯고 분노의 독기를 뿜어낼 때 죽게 되는 자는 남이 아닙니다. 가장 먼저 그 독을 쐬는 사람은 '나'요, 그 이빨과 발톱에 만신창이가 되는 존재는 '나'입니다. 요즘 들어 자살이 유난히 많은 까닭도 바로 이 때문인 것입니다.

부처님께서는 이를 깨닫게 하고자 말씀하셨습니다.

"쇠에서 나온 녹이 쇠를 썩게 만들고 쇠를 먹어치우듯, 나에게서 나온 악이 나를 썩게 만들고 나를 삼키느니라."

만약 지금의 '나'가 탐욕과 분노에 자주 사로잡히는 존재라면, 더욱이 죽고 싶기까지 한 존재라면, 이제부터라도 마음을 되돌려 '관세음보살'을 염하여야 합니다. '관세음보살'을 염하여 '나'를 죽이는 악심(惡心)으로부터 멀리 떠나야 합니다.

이제 위의 게송을 '나'의 탐욕과 분노에 대비시켜 말을 바꾸어 보겠습니다.

"내가 비록 탐욕심을 일으켜 날카로운 이빨과 발톱을 곤두세울지라도 저 관세음보살님을 염하게 되면 탐욕심이 아득한 곳으로 흩어져 달아난다."

"내가 분노에 휩싸여 타는 불의 연기처럼 독기를 뿜을지라도, 저 관세음보살을 부르면 분노의 독기가 그 소리와 함께 사라진다."

그렇습니다. 탐욕과 분노는 '나' 밖에 모르는 이기심에서 비롯됩니다. 이기심! 이기심으로는 남을 이해할 수가 없습니다. '나'조차도 이해할 수 없습니다. '나'도 남도 이해할 수 없기 때문에 '나'도 남도 죽이는 길을 택합니다. 맹수가 되고 독사가 됩니다. 그러나 이기심이 흩어져 달아나면 탐욕도 분노도 맹수도 독충도 스스로 자취를 감춥니다.

간절히 청하오니 '관세음보살'을 염하십시오. '관세음보살'을 염하면 그 크나큰 자비심 속에서 탐욕도 분노도 이기심도 뿔뿔이 흩어져 모든 재난이 저절로 사라질 뿐아니라, '나'도 남도 함께 살아나게 됩니다. 맑고 밝고 깊은 평화가 찾아들게 됩니다. 정녕 관세음보살님의 힘을 생각하고 그 님의 대자비를 '나'

의 것으로 만들어가는 수행자는 한없이 맑고 깊고 평화로워서 맹수들까지도 머리를 조아립니다. 그 예로 근대의 대도인이신 수월(水月 : 1855~1928)큰스님의 이야기를 하겠습니다.

❀

 젊은 시절, 신묘장구대다라니를 외워 잠을 완전히 쫓고 깨달음의 경지를 이루었던 수월스님은 말년에 만주 땅으로 옮겨 갔습니다. 만주 땅에는 마적이나 비적들이 많았으므로 주민들은 몸집이 크고 용맹스러운 만주개를 키워 도둑들로부터 자신을 보호하였습니다.
 만주개는 마을 사람은 절대로 물지 않지만, 밤에 마을로 숨어들어오는 사람이 있으면 떼로 덤벼들여 여지없이 물어 죽였습니다.
 날쌔고 용맹스럽고 한번 물면 결코 놓지 않는 만주개 때문에 총을 가진 마적떼들도 밤에는 마을을 약탈하지 못했다고 합니다.
 가을의 어느 날 밤, 수월스님은 만주의 '왕청'이라는 마을 입구에 이르렀고, 순간 거리에 나와 마을을 지키고 있던 만주개 한 마리가 길게 울부짖었습니다. 그러자 집집마다 묶여 있던 개들이 기다렸다는듯이 짖어대기 시작했습니다. 침략자가 나타난 것으로 생각한 마을 사람들이 개들을 풀자, 개들은 한 방향으로 쏜살같이 달려나갔습니다.

개들의 울음소리는 동구 밖에서 멈추었고, 마을 사람들은 마적과 개들이 대치 상태에 들어간 것으로 생각했습니다. 그러나 시간이 흘러도 동구 밖은 조용하기만 했습니다. 총소리도 비명소리도 들려오지 않았습니다.

괴이하게 여긴 마을 사람들이 무기를 움켜지고 동구 밖으로 나갔을 때, 참으로 믿어지지 않는 광경이 목격되었습니다.

동구 밖 큰 길가에 승복을 입은 노스님이 가느다란 지팡이에 몸을 기대어 서 있고, 그 앞에 미친듯이 몰려 나갔던 수십 마리의 개들이 무릎을 꿇고 조용히 앉아 있는 것이었습니다.

그날 밤 이후에도 만주 개들은 수월스님을 만나면 한결같이 그날과 같은 태도로 반겼다고 합니다. 만주 개만이 아닙니다. 수월스님이 손을 내밀면 까치도 앞을 다투어 내려 앉았고, 스님이 산에 들어가면 노루·토끼들도 모여 들었으며, 호랑이까지도 자주 스님을 찾아와 한껏 머물다가 돌아갔다고 합니다.

꽃

어떻게 이와같은 일이 가능한 것인가? 수월스님께서 '신묘장구대다라니'를 외우는 관음기도를 통하여, 내부의 탐욕과 분노를 완전히 벗어버린 대자비의 몸이 되었기 때문입니다. 그 자비심 아래 그토록 사납다는 만주개들은 꿇어 엎드리지 않을 수 없었고, 자연 속의 새와 짐승들이 함께 했던 것입니다.

우리 불자들도 수월스님과 같은 대자비심을 길러야 합니다. 입으로만 '관세음보살'을 염할 것이 아니라, 관세음보살님의 대자비를 마음으로 생각하여 그 자비심을 '나'의 것으로 만들어야 합니다.

자비무적(慈悲無敵)! 우리가 '관세음보살'을 염하여 자비를 가득 품을 때, 탐욕과 분노와 이기심은 자취없이 사라지고 일체의 적은 벗으로 돌아섭니다. 크고 작던 적들이 벗으로 바뀐 그곳! 그 자리가 바로 불국토요 지극한 행복의 나라인 극락인 것입니다.

염피관음력으로 큰 자비심을 길러, 일체의 적이 사라진 극락을 이루라는 것이 열번째와 열한번째 '염피관음력'의 주제임을 잊지 마시기 바랍니다.

⑫ 雲雷鼓掣電하고 降雹澍大雨라도
   念彼觀音力으로 應時得消散하느니라

먹구름이 덮히며 천둥 번개가 치고
우박과 소나기가 크게 퍼부을지라도

저 관세음보살을 염하는 힘으로
삽시간에 구름 걷혀 활짝 개이느니라

    천둥과 번개는 단순히 사람의 마음을 불안하게 만들지만, 벼락이나 우박·소나기 등은 인명과 재산의 피해를 줍니다. 이 때문에 옛날에는 이러한 피해로부터 벗어나고자 하는 종교적인 의식이 많이 행하여졌습니다.

    한 예로, 중국 산서성의 울주(蔚州) 지방에서는 여름과 가을에 우박이 많이 쏟아져 다 자란 농작물을 망쳐버리기 일쑤였습니다. 백성들이 우박의 피해로 살 수가 없게 되자 각 마을에서는 기도를 올리게 되었습니다.

    그런데 참으로 기도의 영험이 있어서인지, 스님을 모시고 독경을 하고 염불을 하면 우박이 내리지 않았고, 기도를 하지 않으면 그해에는 여지없이 우박이 내려 농작물을 망쳐 놓는다는 것입니다.

    그들은 기도를 올릴 때 스님과 함께 꼭 『관음경』을 외우고 '관세음보살'을 염하였다고 하니, 이 한가지만으로도 위 게송의 말씀대로라는 것을 믿을 수 있을 것입니다.

    이제 이 마지막 '염피관음력'의 게송을 인간사에 대비시켜 봅시다. 인생을 살다보면 갑자기 먹구름이 덮히고, 천둥·번개가

치고, 우박과 소나기가 퍼부어 모든 것을 앗아가는 일을 당하게 되는 경우가 있습니다.

사기를 당하여 사업이 망하고, 보증을 섰다가 재산을 날리는 등의 일이 비일비재로 일어납니다. 사랑했던 사람이 갑자기 배신을 하거나 가족이 불의의 사고로 생명을 잃을 때도 마찬가지입니다. 특히 '나' 자신이 불치병에 걸려 갑자기 사형선고를 받을 때는 더욱 그러합니다.

바로 이러한 때에 우리는 관세음보살님께 의지해야 합니다. 관세음보살님의 대자비 속으로 '나'를 던져야 합니다. '나'를 완전히 던질 때 '나'는 온전히 살아납니다.

❁

몇 년전 90세 가까운 나이로 돌아가신 덕운성보살은 50대 중반에 자궁암에 걸렸습니다. 부잣집 외동 아들인 남편이 평생을 돈 쓰는 재미로 살면서 물려받은 재산은 물론 처갓집 재산까지 모두 탕진하고 죽었으므로, 덕운성 보살은 날품팔이를 하며 혼자 1남 2녀를 키웠습니다.

"말기 자궁암입니다. 앞으로 3달 정도는 살 수 있으니 주변을 정리하시지요."

대구 동산병원의 의사로부터 이 말을 들은 것은 그녀의 두 딸이 결혼을 하고 아들이 중앙대학교 전자공학과 2학년에 재학하고 있을 때였습니다.

지금은 자궁암을 심각하게 생각하지 않지만 30여년 전에는 말기 자궁암이 반드시 죽는 병에 속하였기에, 덕운성 보살에게는 의사의 말이 그야말로 날벼락이었습니다. 서울로 시집을 간 큰 딸에게 울면서 사실을 알리자, 큰 딸은 포기할 수 없다며 세브란스 병원으로 모셔가 다시 진찰을 하게 했습니다.

"3달은 너무 성급한 진단입니다. 그러나 6개월 이상은 보장하기 힘듭니다."

그녀는 의사를 붙들고 울면서 사정하였습니다.

"선생님, 저를 2년만 더 살게 해주십시오. 제 아들이 대학 2학년이니, 졸업할 때까지만 살게 해주십시오."

의사는 고개를 저었습니다. 답답한 마음을 안고 단칸 셋방이 있는 김천으로 내려왔을 때 그녀는 매달릴데가 없었습니다. 오직 하나, 관세음보살님 뿐이었습니다.

기도비가 없었던 그녀는 집에서 백일기도를 시작했습니다. 아침 저녁은 물론이요 틈만 나면 '관세음보살'을 불렀습니다. 그리고 백일기도 마지막 날 새벽에 꿈을 꾸었습니다.

그녀는 김천 청암사 극락암에 모셔진 42수관음상(지금은 도난당하였음)앞에서 끝도 없이 절을 하고 있었습니다. 그때 백발의 노스님 한 분이 불단 앞에 나타나 약 세 봉지를 주셨습니다. 엉

겹결에 무릎으로 기어가 약봉지를 받았으나, 어떻게 해야할지 몰라 썰썰 매고 있었습니다.

"먹어라."

"물이 없습니다."

그러자 노스님은 부처님 앞에 놓인 다기물을 손바닥에 부어 주셨고, 그 물로 한 봉지를 먹고 나자 또 물을 부어주며 말했습니다.

"또 먹어라."

"마저 먹어라."

세 봉지째 약을 먹었을 때 어떻게나 거슬리든지, 그녀는 자신도 모르게 몸서리를 치다가 꿈에서 깨어났습니다. 꿈을 깨고나서도 그 약 냄새는 그녀의 몸과 집안에 진동을 하고 있었습니다.

이렇게 관세음보살의 가피를 입은 그녀는 말기 자궁암이 완전히 나아 아들의 대학 졸업을 지켜보았을 뿐아니라, 30년을 더 살다가 세상을 하직하였습니다.

༄

사람의 몸을 받은 인생(人生). 인생은 참으로 소중한 것입니다. 육도윤회의 삶 중 사람의 몸을 받았을 때가 가장 도를 닦기 좋고 향상(向上)하기 좋은 시절이라고 합니다. 그러므로 사람의 몸을 받았을 때 우리는 향상의 도를 닦아가야 합니다.

하지만 인생이 어떻습니까? 먹구름 투성이입니다. 시련 투성이요 고난 투성이입니다. 때로는 벼락이 내리치고 소나기나 우박이 우리의 마음 밭을 망쳐 놓습니다. 그때가 되면 참으로 살기 싫은 인생이 되어버립니다.

그러나 좌절하지 마십시오. 우리의 곁에는 대자대비하신 관세음보살님이 계십니다. 관세음보살님이 우리와 함께 합니다. 우리가 좌절에서 벗어나 관세음보살님을 찾고 염피관음력으로 함께 할 때 우리의 향상은 다시 시작됩니다. 시련과 고난이 행복과 평화로 바뀌기 시작합니다.

어찌 중생인 우리가 관세음보살님을 찾지 않을 것입니까? 이제 마음을 모으십시오. 마음을 모아 저 관세음보살을 생각하는 염피관음력을 불러 일으키십시오.

그 힘이 스스로를 되찾는 크나큰 힘이 되어 일체의 재난을 물리치고 대평화와 대행복을 안겨 줄 것입니다.

이제 언제나 염피관음력과 함께 하는 관음행자가 되기를 두 손 모아 축원드리면서, '염피관음력'에 대한 글을 매듭짓습니다.

관음을 관(觀)하라

衆生被困厄하야 無量苦逼身이라도
觀音妙智力으로 能救世間苦니라

중생이 갖가지 곤란과 액난을 당해
무량한 고통이 몸을 핍박할 때
관세음보살은 묘한 지혜의 힘으로
세간의 고통에서 능히 구해주느니라

  앞의 장(章)에서 걸쳐 우리는 관세음보살을 염할 때 입게 되는 12가지 가피를 인간의 내면적인 문제에 초점을 맞추어 살펴보았습니다. 이제 부처님께서는 관세음보살님의 중생구제가 무엇에 근거를 두고 있는지를 설하십니다.

무엇이 재난구제, 온갖 고통에서 중생을 구해주는 근거가 되는가?

결론부터 말하면 그 근거는 지혜(智慧)입니다. 관세음보살님께 매달리는 중생의 입장에서 보면 당연히 '관음의 자비(慈悲)'가 중생 구제의 근거가 되리라 생각하겠지만, 부처님께서는 그 근거가 **관음묘지력(觀音妙智力)**, 곧 '관음의 지혜'라는 것을 이 게송을 통해 깨우쳐 주고 있습니다.

병·가난·재앙 등의 어떤 고난에 처했을 때 관세음보살로부터 받게 되는 자비는 일회한의 것이지만, 지혜는 영원히 '나'를 자유롭고 행복하게 변화시킵니다.

실로 세상은 자기 뜻대로 되는 것이 아닙니다. 그야말로 가시밭길이요 안개 속의 삶입니다. 그러므로 틀에 박힌 지식만으로는 어떻게 할 수 없는 어려움이 있습니다. 따라서 내가 알고 있는 지식의 틀에 갇혀 살지 말고, 지혜로써 '나'를 열며 살아야 합니다.

무엇이 지혜인가? 지혜는 있는 그대로를 보는 것이요 있는 그대로를 아는 것입니다. 있는 그대로를 보면 기뻐할 것도 없고 슬퍼할 것도 없으며, 미워할 것도 없고 좋아할 것도 없습니다.

그냥 그대로 받아들일 뿐입니다.

그럼 어떻게 하여야 있는 그대로를 보고 아는 지혜가 생기는가?

오로지 '나'를 비워야 합니다. 내가 고집하고 있는 자아(自我), 스스로가 만들어 낸 '나'인 자아를 비워버려야 합니다. 관세음보살을 염하며 참회를 하면서 '나'를 비우고, 남을 용서하고 사랑하고 이해하고자 할 때 지혜가 샘솟고 우리의 삶이 열려갑니다.

관세음보살님께서 중생을 구제하는 근거가 되는 묘지력(妙智力)! 그 묘지력은 관세음보살님께만 있는 것이 아닙니다. 우리 속에도 있습니다. 다만 자아(自我)에 대한 집착과, 그 집착이 내리는 속단 때문에 묘지력이 발현되지 않는 것입니다.

우리의 자아는 벽이 너무나 두텁습니다. 너무나 두텁기 때문에 일상에서는 자아의 벽을 쉽게 무너뜨리지 못합니다. 그러나 고난이 닥치면 그 '나'가 아무것도 아니라는 것을, 너무나 무능하다는 것을 느끼게 되면서 절대적인 힘에 매달립니다.

그때 관세음보살을 염하면 아집과 속단이 저절로 사라지면서 묘한 지혜의 힘이 샘솟아 너와 나 모두를 행복하게 만듭니다. 이것이 바로 관세음보살님께서 모든 괴로움을 구제할 수 있는 근본 원리인 것입니다.

그러므로 우리는 평소에 부지런히 관세음보살을 염하며 묘지력을 길러야 합니다. 그리하면 우리의 인생이 행복으로 바뀝니다.

묘지력(妙智力)! 독일의 대문호인 헤르만 헤세의 『싯달타』라는 소설에는 이 묘지력을 개발하는데 도움이 되는 재미있는 대화가 수록되어 있습니다.

편력을 하면서 도를 닦았던 싯달타는 어느 날 돈 많은 상인인 카마스와미를 찾아가자 상인이 말했습니다.

"상인은 남의 것을 공짜로 얻는 일이 없습니다. 그 대가로 상품을 꼭 제공하지요."

"그렇습니다. 사람은 누구나 남으로부터 받고 또 그만한 것을 남에게 주지요. 이것이 인생입니다."

싯달타의 이 말이 끝나기 무섭게 카마스와미는 질문을 던졌습니다.

"구도자인 당신은 현재 손에 가진 것이 전혀 없습니다. 그런데 무엇을 남에게 줄 수 있습니까?"

"그야 내가 가진 것을 주게 마련이지요."

"당신은 무엇을 가지고 있소?"

"나는 깊이 생각할 줄 알고, 기다릴 줄 알며, 단식(斷食) 또한 살 할 수 있습니다.

8

싯달타는 깊은 사색, 기다림, 단식을 잘 한다고 했습니다. 이 중 단식은 인간의 가장 기본적인 욕망인 식욕(食慾)을 끊는 것으로, 욕망을 잘 제어한다는 의미를 담고 있습니다.

우리 또한 마찬가지입니다. 관세음보살님을 깊이 생각하며 기다릴 줄 알고 욕망을 잘 참을 줄 알 때 묘한 지혜의 힘을 불러 일으킬 수 있는 것입니다.

재난이 닥치더라도 결코 당황하지 마십시오. 우리 곁에는 묘지력 깊으신 관세음보살님이 계시고, 우리의 자아가 두꺼운 껍질을 벗을 때 내면의 묘지력 또한 용출됩니다.

인생의 위기는 기회가 되고, 모든 걸림돌은 오히려 디딤돌이 될 수 있습니다. 그러므로 재난을 만날 때나 깊은 괴로움에 처했을 때 관세음보살님의 묘지력과 자비에 열심히 매달려 보십시오.

열심히 '관세음보살'을 염하며 망아(忘我)의 경지에 들어갈 때 오묘한 내면의 지혜가 깨어나고, 그 묘지력으로 모든 재난과 괴로움을 물리칠 수 있습니다. 그리하여 그 지혜를 꾸준히 가꾸면 언제나 평온하고 깨어있는 삶을 누릴 수 있게 된다는 것을 꼭 기억하시기 바랍니다.

具足神通力하고 廣修智方便하야
十方諸國土에 無刹不現身하며

신통력을 두루 갖추고
널리 지혜의 방편을 닦아
시방세계 어느 국토 할 것 없이
몸을 나타내지 않는 곳이 없으며

種種諸惡趣와 地獄鬼畜生의
生老病死苦를 以漸悉令滅하느니라

갖가지 모든 나쁜 세계 중생들
지옥과 아귀와 축생 뿐아니라
나고 늙고 병들어 죽는 고통도
차츰차츰 모두 다 없애느니라

관세음보살님은 신통력과 함께 지혜의 방편을 갖춘 분입니다. 그러므로 시방세계 어느 곳에나 자유롭게 몸을 나투어 중생의 갖가지 어려움을 해결해 줍니다. 신통력과 지혜의 방편을 두루 갖추신 관세음보살님!

여기서 잠깐 신통력에 대해 생각해 봅시다. 보통사람들은 신통력이라고 하면 상식을 넘어선 불가사의한 힘으로 생각합니다. 그러나 신통력은 불가사의한 힘이 아닙니다. 신통력은 우리 마음의 자유자재한 작용입니다.

신통력(神通力)의 글자풀이를 해보면 '신과 통하는 힘'입니다. 무엇이 신과 인간을 통하게 하는가? 인간의 진심(眞心)입니다. 진실한 마음입니다. 진실로 무엇인가를 바랄 때 진심 속에 잠재된 힘이 움직이기 시작하고, 진심이 작용하면 모든 것을 해결 할 수 있는 신통력이 발휘되는 것입니다.

확실히 믿으십시오. 우리에게도 관세음보살님과 같은 신통력과 방편력이 있습니다. 그런데 우리는 그 힘을 발휘하지 못합니다. 진심으로 사는 것이 아니라, 자기 욕심과 이기심으로 살기 때문입니다.

그러나 우리가 만약 이기심을 벗어던지고 누군가를 행복하게 해주겠다는 원을 갖게 된다면 신통력과 방편력이 생겨나기 시작합니다. 그때가 바로 '나' 속의 관세음보살이 나타나기 시작하는 때입니다. 우리가 이 사회 이 나라, 그리고 일체 중생의 행복을 진심으로 축원할 때 관세음보살님, 곧 '나' 속의 자기관음(自己觀音)이 자리를 잡게 되며, 차츰 주위를 행복하게 해 줄 수 있는 신통력과 방편력이 생겨나게 되는 것입니다.

하물며 관세음보살님은 일체 중생의 해탈을 발원하고 스스로를 버린 분입니다. 일체 중생을 해탈케 하고자 하는 그분의 큰 마음은 법계에 가득하고, 그분의 신통력과 방편력은 걸림없이 자재합니다.

그분은 원을 따라 모든 세계로 나아갑니다. 특히 좋지 않은 세계(惡趣), 고통이 가득한 세계로 나아갑니다. 탐욕과 분노와 어리석음이 만들어낸 지옥·아귀·축생의 세계로 나아가 극심한 고통을 받는 중생을 제도할 뿐 아니라, 마침내는 일체중생의 근원적인 괴로움인 생·로·병·사를 모두 없애 버리고자 하십니다.

이를 바꾸어 말하면 무엇입니까? 중생을 부처님으로 만들겠다는 것입니다. 중생계(衆生界)를 부처님의 세계로 탈바꿈시켜 놓겠다는 것입니다. 이 얼마나 거룩한 원이요 실천입니까?

이제 우리 불자들은 관세음보살님의 원과 실천을 조금이나마 닮고자 해야 합니다. 그리고 무엇보다 먼저 '나' 스스로가 만들고 있는 지옥·아귀·축생의 세계, 생로병사의 고통스런 세계를 행복의 세계로 변화시키고자 해야 합니다.

어떻게 해야 변화하는가? 우선 '나'의 마음부터 변화해야 합니다. '나'의 마음, '나'의 생각, '나'의 원이 바뀌면 내 앞에 펼쳐지는 세계가 바뀝니다. 이기심이나 탐(貪)·진(瞋)·치(癡)가 아니라 계(戒)·정(定)·혜(慧)의 삼학(三學)을 익히며 살면 지옥같던 세상이 극락처럼 변화하기 시작합니다.

자비심이 깊기로 이름난 일본의 백은(白隱)선사는 어렸을 때 지옥을 매우 두려워 하였습니다. 어머니와 함께 목욕탕에 들어간 아이는 모락모락 피어오르는 수증기를 보고 지옥을 연상하여 울음을 터뜨렸으며, 이러한 생각이 인연이 되어 훗날 대오(大悟)하신 분이 백은선사입니다.

어느 날 백은선사께 젊은 무사가 찾아와서 여쭈었습니다.

"스님, 극락과 지옥이 정말로 있습니까?"

백은선사는 답을 하지 않고 엉뚱한 질문을 했습니다.

"당신, 무엇을 하는 사람이요?"

"무사입니다."

"하하! 당신이 무사라고? 도대체 당신 같은 사람의 호위를 필요로 하는 주군(主君)이 누군지 궁금하군. 머저리 같이 생긴 놈에게 생명을 맡기다니!"

모욕을 느낀 무사의 손이 허리에 찬 칼로 옮겨 갔지만 백은선사는 계속 그를 비웃었습니다.

"그래, 칼을 가졌군. 내 목을 자르기에는 그 칼이 너무 무딜걸?"

더 이상 참을 수 없었던 무사가 칼을 뽑아 들었을 때 백은선사는 조금도 동요됨이 없이 사자후를 토했습니다.

"지옥의 문이 열렸도다."

이 말을 듣는 순간 무사는 마음을 찌르는 전율을 느껴 칼을 다시 꽂고 엎드려 말했습니다.

"스님, 지옥이 무엇인지를 분명히 알았습니다."

그때 백은선사가 부드러운 음성으로 말했습니다.

"이제 극락의 문이 열렸구나."

❧

지옥의 문을 여는 자 누구입니까? 염라대왕입니까? 아닙니다. 내가 여는 것입니다. 극락의 문을 여는 자 누구입니까? 불보살님께서 열어 줍니까? 아닙니다. 내가 여는 것입니다. 스스로 마음을 그릇되이 써서 탐욕에 빠지고 분노에 휩싸이게 되면 지옥의 칼산과 불길을 만들게 되고, 한 마음을 잘 써서 극락의 씨를 심으면 극락의 연꽃이 피어나는 것입니다.

지옥과 극락은 손의 앞 뒤 면과 같습니다. 손바닥과 손등은 모두가 손입니다. 어떻게 살 것인가? 어떠한 마음가짐으로 어떻게 실천하며 살 것인가? 이것이 우리의 삶을 결정 짓습니다.

관세음보살님은 대자대비하시지만 우리가 가만히 있어도 바라는대로 해준다고 생각하면 오산입니다. 관세음보살님은 '나'의 생각과 함께 합니다. 우리가 간절한 마음으로 생각하는 힘, 곧 집중력을 높여 관세음보살과 채널을 맞추고 어떻게 살 것인가를 생각하고 또 생각할 때 관세음보살님의 대자비는 우리와 함께 합니다.

자! 한번 생각을 해보십시오. 늙음과 병듦과 죽음만이라도⋯.
늙는 것은 괴롭습니다. 하지만 늙을 때가 되면 늙을 수밖에 없습니다. 그러므로 늙음을 받아들여야 합니다. 늙음을 받아들일 때 곱게 늙을 수 있고, 연륜의 경험을 살려 활기차게 보람있게 살 수가 있습니다.

병이 들면 괴롭습니다. 병이 들면 육체의 고통만이 아니라 공포심이라는 정신적인 고통까지 함께 합니다. 그러나 육체의 병을 받아들여 병의 원인이 된 지난 삶을 되돌아보며 참회하고, '마음에는 병이 없다'는 이치를 깨우쳐 가면 병고(病苦)에서 벗어날 수 있습니다.

죽음은 태어난 자에게 가장 큰 괴로움입니다. 절대로 피할 수 없는 이 죽음이 없다면 모든 근심 걱정과 괴로움은 반이상 줄어들 것입니다.

피할 수 없는 생로병사의 괴로움. 하지만 생로병사가 있기에 생로병사로부터 해탈하는 길을 찾게 됩니다. 세상의 수많은 괴로움. 그 괴로움이 있을 때 우리는 깨어납니다. 평소에는 갖지 않던 믿음을 일으켜 불보살님을 향해 기도를 합니다.

그 기도 속에서 '나'를 언제나 보고 계셨던 관세음보살님의 눈과 관세음보살님을 우러러 보는 '나'의 눈이 비로소 마주칩니다. 관세음보살님의 손이 '나'의 손을 잡고 있다는 것을 느끼게 됩니다. 이 눈의 마주침이, 손을 잡고 있다는 느낌이 우리에게 최고의 평안을 가져다 줍니다. 두려움 없는 삶, 깨어있는 삶을 살도록 해주는 것입니다.

이제 고난의 삶을 싫어하지 마십시오. 비관하지 마십시오. 한탄하지 마십시오. 싫어하고 비관하고 한탄하는 그 시간에 관세음보살님을 굳건히 믿고 그 속으로 뛰어드십시오. 그리고 부지런히 관세음보살님을 염하는 기도를 하십시오.

나쁜 세계 뿐아니라 생로병사까지 없애고자 하는 관세음보살님의 신통력과 방편력을 철저히 믿고 기도할 때 우리의 괴로움은 해탈을 얻게 됩니다. 정녕, 이제 우리가 해야 할 바는 기도와 실천입니다. 그렇다면 어떠한 기도와 실천을 해야하는 것일까? 이어지는 다음의 게송 속에 그 답이 있습니다.

_{진관청정관}　　　　_{광대지혜관}
眞觀清淨觀과　**廣大智慧觀**과
_{비관급자관}　　　　_{상원상첨앙}
悲觀及慈觀을　**常願常瞻仰**하라

참다운 관〔眞觀〕과 청정한 관〔清淨觀〕과
넓고 큰 지혜의 관〔廣大智慧觀〕
그리고 비관(悲觀)과 자관(慈觀)을 닦으며
항상 원하고 항상 우러러 볼지니라

_{무구청정광}　　　　_{혜일파제암}
無垢清淨光의　**慧日破諸闇**하고
_{능복재풍화}　　　　_{보명조세간}
能伏災風火하야　**普明照世間**하나니

티없이 청정한 광명을 발하는
지혜의 해가 어둠을 몰아내고
온갖 재앙과 풍파를 물리쳐
두루 세간을 밝게 비추나니

관음을 관(觀)하라

悲^비體^체戒^계雷^뢰震^진이요 慈^자意^의妙^묘大^대雲^운이라
澍^주甘^감露^로法^법雨^우하야 滅^멸除^제煩^번惱^뇌燄^염하느니라

대비의 마음은 천둥처럼 진동하고
대자의 뜻은 오묘한 구름이 되어
감로의 법비를 골고루 내려
번뇌의 불길을 꺼주느니라

諍^쟁訟^송經^경官^관處^처와 怖^포畏^외軍^군陣^진中^중이라도
念^염彼^피觀^관音^음力^력으로 衆^중怨^원悉^실退^퇴散^산하니라

송사나 다툼으로 관청에 가거나
두려운 전쟁터에 있을지라도
저 관세음보살을 생각하는 힘으로
모든 원결이 다 풀어지느니라

관세음보살님의 지혜와 자비에 의지하여 인생의 고난을 근원적으로 해결하고자 하는 불자는 기도와 함께 관(觀)을 닦아야 합니다. 어떠한 관을 닦는가? 게송에서는 진관·청정관·광대

지혜관·비관·자관의 5관을 닦을 것을 가르치고 있습니다. 이 다섯가지 관을 조금 쉽게 풀이하면 다음과 같습니다.

① **진관(眞觀)** : 곧 공관(空觀)으로, 관세음보살 속에서 진리의 이치에 입각하여 번뇌를 비우는 것.
② **청정관(淸淨觀)** : 곧 가관(假觀)으로, 관세음보살 속에서 삶의 거짓된 모습을 버리는 것.
③ **광대지혜관(廣大智慧觀)** : 곧 중관(中觀)으로, 무아(無我)의 이치를 깨달아 자타가 불이(不二)임을 깨닫는 것.
④ **비관(悲觀)** : 이상의 3관으로 중생을 관하여 중생의 고통을 없애는 것.
⑤ **자관(慈觀)** : 위의 3관으로 중생을 관하여 중생과 더불어 기쁨을 나누는 것.

번뇌 속에서 살아가고 있는 중생이 5관을 닦기란 결코 쉽지가 않습니다. 그러나 '관(觀)'은 노력입니다. 비우고 버리고 깨닫고 없애고 나누고자 하는 노력입니다. 현재의 '나'를 되돌아보며 '이렇게 살겠다'고 거듭거듭 결심하고 노력하는 것이 관법인 것입니다.

물론 처음에는 쉽지가 않지만 꾸준히 노력하여 이 관법을 닦으면 차츰 관세음보살처럼 바뀌어 갑니다. 관세음보살님께서 크나큰 묘지력과 신통력과 방편력을 지닐 수 있었던 것은 무엇보다도 이 5관을 닦았기 때문입니다. 그러므로 관세음보살님을 닮고자 하는 관음행자라면 마땅히 이 관법을 닦고자 애를 써야 합니다.

관세음보살님을 그리며 이 5관을 닦게 되면 결과는 삶의 고난이 사라지는 정도가 아닙니다. 밝은 해처럼 티없이 청정한 광명을 발하여 가는 곳마다 모든 어둠을 몰아내고, 주위의 온갖 재앙과 풍파를 잠재우는 이가 됩니다. 그야말로 세상을 밝히는 이가 됩니다.

만약 이 5관을 관할 수 없다면 관세음보살만이라도 관하십시오. 입으로만 '관세음보살'을 부르지 말고 마음으로 관세음보살을 생각하고 보고자 하십시오. 자꾸 생각하고 보고자 하면 참되고 맑고 지혜롭고 자비로운 '나' 속의 관세음보살을 볼 수 있게 되고, 그 자기관음(自己觀音)이 지혜의 해가 되어 내 마음속의 어둠을 일시에 없애줍니다. 그것이 '혜일파제암(慧日破諸闇)'인 것입니다.

나아가 지혜의 해가 떠올랐으니 어찌 재앙과 풍파를 극복하지 못할 것이며, 어찌 세간을 밝게 조명하지 못하겠습니까? 이것이 '능복재풍화(能伏災風火)'요 '보명조세간(普明照世間)'인 것입니다.

무한자비의 관세음보살님!

중생의 고통을 없애고자 하는 그분의 비심(悲心)은 천둥이 되어 시방세계를 진동하고, 중생을 어여삐 여겨 기쁨을 주고자 하는 그 분의 자심(慈心)은 구름이 되어, 그 자비심으로 꼭 필요한 만큼의 비를 뿌려 줍니다. 장마나 태풍 때처럼 많은 비를 뿌려 세상을 흔들어 놓는 것도 아니요, 감질나게 비를 내려 더욱 목마르게 하는 것도 아닙니다. 꼭 필요한 만큼의 비를 뿌려 줍니다.

『관음경』에서는 이 비를 '감로법우(甘露法雨)'라고 표현했습니다. 번뇌의 불길을 꺼주는 감로의 법우라고 하였습니다. 감로의 법우! 감로는 불사(不死)요 법우는 진리입니다. 그렇습니다. 우리가 결국 얻어야 할 것은 불사의 진리입니다. 번뇌가 아니라 진리에 입각하여 살아야 합니다.

진리에 입각하여 맑게 살고 지혜롭고 자비롭게 살면 모든 맺힘과 원한이 풀어져 한없이 평화롭고 행복하게 살 수 있습니다. 그것이 '중원실퇴산(衆怨悉退散)'입니다. 모든 원결의 풀어짐!

실로 인생을 살다가보면 참으로 어처구니없는 일을 당할 때가 있고, 가장 사랑하는 배우자나 자식이 '나'를 아프게 하는 경우도 많습니다. 왜 이와같은 일을 당하는 것일까요? 바로 맺힌 원결(怨結) 때문입니다. 당했던 빚을 갚고 원한을 되갚는 것입니다.

❀

옛날 활을 잘 쏘는 무사가 총명하고 잘 생긴 아들 3형제를 두고 행복하게 살았습니다. 그런데 그토록 늠름하고 사랑스럽던 아들 3형제가 한꺼번에 죽어버렸습니다. 너무나 갑작스런 아이들의 죽음으로 넋이 빠진 무사는 며칠을 목놓아 울다가 그만 미쳐버리고 말았습니다.

"사랑하는 내 아들아, 어디로 갔느냐? 어떤 놈이 내 아들을 죽였단 말이냐?"

옷을 풀어 헤치고 머리를 봉두난발한 채 아무나 붙잡고 아이들의 이름을 부르며 죽인 자를 찾았지만, 모두가 '미친 놈'이라며 슬금슬금 피할 뿐이었습니다. 그런데 하루는 누군가가 톡 쏘듯이 말을 던졌습니다.

"그렇게 궁금하면 염라대왕한테 가서 물어보슈."

'그렇다. 염라대왕을 찾아가서 물어보자.'

그날부터 미친 그는 염라대왕을 찾아 정처없이 떠돌아 다녔습니다. 그러나 염라대왕은 보일 까닭이 없었습니다. 그러던 어느 날, 그는 음산하고 깊은 골짜기 입구에 다다랐습니다.

'이곳이야말로 염라대왕이 살만한 곳이다.'

이렇게 생각하며 골짜기를 따라 깊은 산 속으로 들어가니 '염라대왕의 집'이라고 써놓은 팻말이 보였습니다. 그는 너무나 기뻐 왈칵 문을 열고 뛰어 들어가다가 문지방에 걸려 심하게 넘어졌습니다.

"아이쿠!"

어둡고 차가운 방에 엎어져 정신을 가다듬고 있는데 아이들의 깔깔거리는 웃음소리와 소근대는 말소리가 들려왔습니다.

"참 어리석네, 어리석어. 아직도 정신을 못 차린 모양인데 한 번 더 고생을 시켜볼까?"

가만히 귀를 기울여보니 바로 옆방에서 나는 소리로 자기 아이들의 목소리가 틀림없었습니다. 너무나 다급한 김에 발로 벽을 쾅쾅 차며 아이들의 이름을 부르다가, 방 윗 쪽에 뚫려 있는 조그마한 창문으로 넘어가려고 하는데 아이들이 창문을 통해 바닥으로 떨어지는 것이었습니다.

"이제야 찾았구나. 나의 귀여운 아들들! 거기에 꼼짝 말고 있어라."

크게 기뻐하며 엎드려 있는 세 아이들 위로 와락 달려드는데, 얼핏 그들의 등에 뭔가가 박혀 있는 것이 보였습니다. 자세히 보니 그것은 화살이었습니다. 언젠가 기러기 사냥을 나갔다가 날아가는 기러기 떼를 향해 활시위를 당겼고, 그때 세 마리의 기러기를 한데 꿰어 떨어뜨린 바로 그 화살이었습니다.

'이 화살이 왜 내 아들들의 등에 꽂혀 있는 것일까?'

이렇게 생각하고 있을 때 세 아들의 모습은 사라지고, 하나의 화살에 몸을 꿰고 처참히 죽어있는 기러기 세 마리만 보이는 것이었습니다. 순간 그의 머리는 벼락을 맞은 듯하였고, 그는 제정신으로 돌아왔습니다.

'아! 우리 아들들이 그때 잡은 기러기 세 마리였구나. 그토록 효성을 다하던 놈들이 일찍 죽어 나의 가슴을 찢어놓았구나. 이것이 원수 갚음이었을줄이야….'

그는 비로소 인과의 도리를 깨닫고 깊이깊이 참회하며 여생을 보냈다고 합니다.

8

불교 집안에서 옛부터 전해오는 이 이야기에서와 같이 세상의 인연은 매우 묘하게 얽힙니다. 전생의 원수가 가장 가까운 가족이 되어 복수를 할 때도 있고, 믿었던 사람이 '나'를 파산시킬 때도 있습니다.

그때 우리는 어떻게 해야 합니까? 그 가족을 버리고, 그 상대도 파산시켜야 합니까? 아닙니다. 관세음보살을 염하며 기도를 해야 합니다. 원결을 녹이는 기도를 해야합니다. 결단은 기도를 한 다음에 내려도 늦지 않습니다. 기도를 하여 마음의 평온을 어느 정도 찾은 다음 결단을 내려야 합니다.

그리고 기도를 하되 꼭 잊지 말아야 할 것이 있습니다. 그것이 무엇인가? 바로 참회입니다. 알게 모르게 지은 잘못을 참회하는 것입니다. 왜 꼭 참회를 하라는 것인가? 참회를 할 때 맺힌 원결이 가장 빨리 녹기 때문입니다.

내친 김에 한 가지를 더 당부드리면서 마무리를 짓겠습니다. 그것은 관세음보살을 염하며 기도를 하거나 『관음경』을 읽은 다음 꼭 깊은 인연으로 만난 가족을 향해 참회의 절을 하라는 것입니다.

가족 한 분에게 3배씩을 올리며 '잘못했습니다'를 반복하고 그를 위해 축원을 해주십시오.

가족을 향한 참회의 절을 하면 '나'의 마음 깊은 곳에 뭉쳐 있던 응어리가 저절로 풀어집니다. 그리고 '나'의 응어리가 풀어지면 상대의 응어리도 풀어지기 마련이고, 서로의 응어리가 풀어지면 모든 것이 좋아지지 않을 수 없는 것입니다.

염피관음력(念彼觀音力) 중원실퇴산(衆怨悉退散).

부디 대자대비하신 관세음보살을 염하며 내 가족 사이에 맺힌 응어리부터 풀도록 하십시오. 가장 가까운 사람끼리의 매듭

이 풀리면 자비심은 저절로 샘솟고, 그 자비가 주위를 평화롭게 만들어 줍니다.

'나'와 가족과 주위의 평화로움! 정녕 이것이 관세음보살님의 참 뜻이 아니겠습니까? 부디 잘 유념하시기를 당부드리고 또 축원합니다.

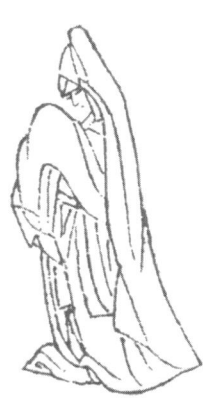

무엇이 관음의 '음(音)'인가

妙音觀世音과 梵音海潮音과
勝彼世間音을 是故須常念하라

묘음(妙音)과 관세음(觀世音)과
범음(梵音)과 해조음(海潮音)과
세간을 뛰어 넘는 승피세간음을
언제나 모름지기 염할지니라

앞에서 우리는 관세음보살의 '관(觀)'과 관련된 진관·청정관·광대지혜관·비관·자관의 5관에 대해 살펴보았습니다. 이제 우리가 공부할『관음경』의 게송에는 관세음보살의 '음(音)'과 관련된 5음을 열거하고 있습니다. 이 5음은 앞의 5관과 밀접한 관계를 이루고 있습니다.

① 묘음(妙音) —— 진관(眞觀)
② 관세음(觀世音) —— 청정관(淸淨觀)
③ 범음(梵音) —— 광대지혜관(廣大智慧觀)
④ 해조음(海潮音) —— 비관(悲觀)
⑤ 승피세간음(勝彼世間音) —— 자관(慈觀)

이를 조금 더 알기 쉽게 풀이해 봅시다.
① **묘음(妙音)**은 참다운 소리, 진리의 음성입니다. 관세음보살을 염하며 진리의 이치에 입각하여 번뇌를 비우는 진관을 이루면, 우리의 음성은 묘음이 됩니다.
② **관세음(觀世音)**은 관해야 할 세상의 소리입니다. 관세음보살을 염하며 삶의 거짓된 모습을 관하여 청정관을 이루면, 우리의 음성은 관세음이 됩니다.
③ **범음(梵音)**은 천상의 소리가 아니라 불보살의 음성입니다. 관세음보살을 염하며 무아(無我)의 이치를 깨달아 자타가 불이(不二)임을 깨닫는 광대지혜관을 이루면, 우리의 음성은 불보

살님의 범음으로 바뀝니다.

④ **해조음(海潮音)**은 때에 맞추어 밀려 왔다가 밀려가는 조류(潮流)의 소리입니다. 관세음보살을 염하며 중생의 고통을 없애고자 하는 비관을 이루면, 우리의 음성은 중생의 고통을 없애주는 해조음이 됩니다.

⑤ **승피세간음(勝彼世間音)**은 세간의 어떠한 소리보다 아름다운 음성입니다. 관세음보살을 염하며 일체 중생의 행복을 관하는 자관을 이루면, 우리의 음성은 중생들에게 크나큰 기쁨을 안겨주는 승피세간음으로 바뀌는 것입니다.

물론 5관과 5음을 생각하며 '관세음보살'을 염하는 이는 드물 것입니다. 대부분의 사람들이 '관세음보살'을 염하게 되는 까닭이 '나' 또는 주위의 고난에서부터 구원을 받기 위함이거나 현실적인 소원을 이루고자 함에 있기 때문입니다. 따라서 5관을 관하려 하지도 않고 5음을 이루려 하지도 않습니다.

오히려 현재의 관은 고난에 대한 관이요 음성은 고뇌의 소리일 뿐입니다. 그러나 오로지 '관세음보살'을 생각하고 부르면 차츰 고난의 음성에서 벗어납니다.

현재의 고난을 벗고자 하는 진실된 '나'의 마음은 진관이 되고 '나'의 소리는 묘음이 됩니다. 그리고 차츰 마음이 맑아지면 [清淨觀] 관세음, 곧 '나'의 소리를 듣게 됩니다. 내 고통의 원인이 무엇인가를 바라볼 수 있는 '관세음'이 되는 것입니다.

나아가 구원을 바라던 '나'의 음성은 차츰 환희가 깃든 부처님의 설법(梵音)으로 바뀌고, 모든 고난을 삼켜버리는 해조음(海潮音)이 되었다가, 마침내는 절대적인 자유가 가득한 해탈을 이루게 됨과 동시에 일체 중생을 구하는 승피세간음(勝彼世間音)으로 바뀌게 되는 것입니다.

이상의 5관과 5음을 통하여 살펴본 바와같이, 『관음경』과 관세음보살님은 단순한 고난구제를 목표로 삼고 있지 않습니다. 바로 우리들 자신의 완전한 해탈, 완전한 자유, 완전한 행복을 목표로 삼고 있습니다.

부디 잘 기억해 두십시오. 5음이든 5관이든 처음의 출발은 '나'의 고난입니다. 고난을 벗고자 하는데서 출발하는 것입니다. 이제 우리는 '관세음보살'을 염하면서 '나' 속의 고난의 소리를 듣는 것에 마음을 모으는 것부터 시작해야 합니다. 그리하여 그 소리의 실체를 깨달아 고난을 벗고 해탈을 이루어야 합니다.

소리! 세간의 소리!

세간의 소리는 단순한 소리가 아닙니다. 일체의 소리는 곧 그대로 법문입니다. 우리가 열심히 '관세음보살'을 염하다 보면 그 세음(世音)의 법문을 들을 수 있게 됩니다. 살아있는 유정물(有情物)의 설법만이 아니라, 돌·나무·물·하늘·구름·바람·대지 등의 무정물(無情物)의 설법도 들을 수 있게 됩니다.

❋

당송(唐宋) 팔대문장가(八大文章家)의 한 사람인 소동파(蘇東坡)는 불교에도 조예가 매우 깊었던 공부인입니다. 그러나 처음부터 신심이 깊었던 것은 아닙니다.

그가 형남의 관리로 있을 때, 부근의 옥천사에 승호(承皓)선사라는 큰 스님이 계신다는 소문을 듣고 논쟁을 벌이기 위해 변복을 하고 찾아갔습니다. 승호선사는 교만무례한 그를 대하자 물었습니다.

"성씨가 어떻게 되십니까?"

"나의 성은 칭(秤)가요."

"칭가라니요?"

"천하 선지식의 무게를 달아보는 저울이란 뜻이지요."

소동파의 안하무인격인 답이 떨어지기 무섭게 승호선사는 크게 '할(喝)'을 했습니다. 그리고 물었습니다.

"칭가여, 이 소리는 몇 근이나 됩니까?"

이 질문에 응답을 못한 소동파는 풀이 완전히 죽어 집으로 돌아왔고, 이후 큰 스님들을 무조건 찾아가 친견하고 겸허한 태도로 법문을 청했습니다. 그리고 노산 귀종사의 불인(佛印) 선사를 친견했을 때 간절히 가르침을 구했습니다.

"자비를 베푸시어 이 미혹한 마음을 개오(開悟)시켜 주십시오."

"일체의 사량(思量)을 쉬고 또 쉴지니라."

불인선사의 이 한마디에 소동파는 크게 느꼈습니다.

'공부는 나처럼 많이 아는데서 이루는 것이 아니다. 공부는 쉬고 또 쉴 줄 아는데 있다.'

그날부터 소동파는 모든 생각을 쉬는 공부에 몰두했습니다. 하지만 평생을 학문과 시 속에서 살았던 소동파로서는 쉬는 공부가 쉽지 않았습니다. 여전히 남과 대화를 나누기를 좋아하였고, 설법을 듣거나 논쟁을 하는 것을 즐겼습니다. 쉬고 비우기를 원했지만 여전히 세상의 소리에 귀를 쫑긋 세우고 있었던 것입니다.

그때 노산 홍룡사에 도력이 매우 높은 상총(常聰)선사가 계신다는 소식을 접한 소동파는 찾아가 공부의 문제점을 이야기한 다음, 공손히 예를 올리고 청법을 하였습니다.

"원하옵건데 이 미혹한 중생을 위하여 법을 설하여 주소서."

상총선사는 한참동안 침묵하여 단정히 앉아 계셨습니다. 그러나 소동파가 '말없음'의 말씀을 알아듣지 못하자 비로소 입을 열어 엄숙하게 말했습니다.

"어째서 무정설법(無情說法)은 듣지 못하고 유정설법(有情說

法)만을 청하십니까?"

무정설법이라는 말을 듣자 소동파는 앞이 캄캄해졌습니다.

'무정설법? 유정설법?'

무정설법이라는 네 글자가 못처럼 꽉 박힌 소동파는 더 이상의 할 말을 잃어 자리를 박차고 나왔습니다. 그리고는 말을 타고 집으로 향했습니다. 그러나 '무정설법이 무엇인지'에 사무쳐버린 소동파는 굽이굽이 첩첩산골을 넘고 넘어 가고 있었습니다. 오로지 '무정설법?'이라는 의심덩어리가 온 몸을 감싸, 가는지 오는지 조차도 몰랐습니다. 모든 생각, 모든 분별이 사라지고 오직 '무정설법'에만 골몰할 뿐이었습니다.

갑자기 계곡물이 깊은 낭떠러지를 만나 폭포를 이루며 떨어지는 소리가 들렸습니다.

"쏴 — 쾅쾅!"

골짜기를 뒤흔들며 내리치는 폭포수 소리가 법문을 하였고, 소동파는 개오(開悟)하였습니다. 무정설법이 무엇인가를 체득했을 뿐아니라, 무정설법을 들은 것입니다. 소동파는 말에서 내려 상총선사가 계신 곳을 향해 절을 올린 후 오도송(悟道頌)을 읊었습니다.

계곡 물소리가 그대로 부처님의 설법이니

푸른 산빛 어찌 청정한 법신이 아니리

밤사이 들었던 팔만 사천 게송을

다른 날 사람들께 어떻게 보여주랴

溪聲便是長廣說

山色豈非淸淨身

夜來八萬西千偈

他日如何擧似人

끊임없는 구도(求道)의 노력 속에서 스스로를 일깨워 마침내는 무정설법을 들은 소동파. 하룻밤 사이에 팔만사천 법문을 모두 들은 소동파.

이제 우리도 소동파처럼 '관세음'을 할 수 있어야 합니다. 관세음보살님을 찾아 매달리기만 하는 불자가 아니라, 진정으로 '관세음'을 할 수 있는 불자가 되어야 합니다. '관세음'을 할 수 있는 사람이 되라는 것! 바로 이것이 관세음보살님의 참뜻인 것입니다.

따라서 관음행자(觀音行者)들은 한단계 높이 올라서야 합니다. 기도의 차원에서 수행의 차원으로 올라서야 합니다. 고난의 구원이나 세속적인 소원성취를 목표로 삼는 기도의 차원에서, 스스로가 관세음보살의 자리 가까이로 올라서고자 노력해야 합니다.

언제까지 구원을 받는 자리에 있을 것입니까? 평생을 '도와주십시오' 하며 살 것입니까? 오히려 모든 어려움은 관세음보살님께 맡기고 수행의 차원으로 올라서십시오. 『관음경』의 이어지는 게송에서는 이에 대해 분명히 이야기하고 있습니다.

念念勿生疑니 觀世音淨聖이
염념물생의   관세음정성

於苦惱死厄에 能爲作依鞠니라
어고뇌사액   능위작의호

한 생각이라도 의심하지 말지니
청정하고 거룩한 관세음보살은
죽음의 액난으로 고뇌하고 있을 때
능히 의지가 되고 감싸주느니라

具一切功德하야 慈眼視衆生하며
구일체공덕   자안시중생

福聚海無量일새 是故應頂禮니라
복취해무량   시고응정례

일체의 공덕을 두루 갖추어
자비의 눈으로 중생을 보살피며
바다처럼 복덕이 한량없으니
마땅히 머리 숙여 예배할지니라

이제 조그마한 의심도 없이 관세음보살님을 믿으십시오. 그 믿음은 돈이 드는 것도 힘이 드는 것도 아닙니다. 의심만 없으면 온전한 믿음이 됩니다.

실로 기도를 하거나 수행을 할 때 문제가 되는 것은 의심입니다. 될까? 안 될까? 나의 방법이 맞는가? 맞지 않는가? 이러한 마음으로 스스로를 흔들기 때문에 일념(一念)과 자꾸만 멀어지게 되고, 일념이 잘 되지 않기 때문에 중도에서 포기를 하고 하차를 하게 되는 것입니다.

왜 모르십니까? 세상의 모든 일은 할만큼 해야 된다는 것을! 무엇이든 할만큼 해야 성취를 할 수 있습니다. 어찌 업을 녹이는 기도나 수행이 간단한 노력으로 이루어지겠습니까? 의심없는 믿음, 깊은 믿음 속에서 열심히 하면 틀림없이, 그리고 보다 빨리 결실을 이룰 수 있게 되는 것입니다.

그러므로 관세음보살님을 확실히 믿고 '나'의 열정을 남김없이 쏟으며 기도나 수행에 임하십시오. 청정하고 거룩한 관세음보살님께서는 '당신을 위해 기도하고 수행하라' 하지 않습니다.

당신이 아닌 우리의 어려움을 구제하고 우리의 향상을 위해 기도하고 수행하라는 것입니다.

우리의 진정한 의지처가 되어 우리를 감싸주시는 관세음보살님! 그분께 한 점 의심없이 '나'를 내맡기십시오. 그리고 그 속에서 스스로를 알고 스스로를 깨달아 가십시오. 스스로를 관(觀)하고 내면의 소리〔音〕를 들으면서 한발한발 향상의 길로 나아가십시오.

일체 공덕을 두루 갖추고 계신 관세음보살님.
대자비의 눈으로 중생을 보살피는 관세음보살님.
바다처럼 복덕이 가득하신 관세음보살님.

그분께서 우리와 함께 하고 있으니, 인생이 아무리 괴롭다한들 어찌 능히 헤쳐 나가지 못할 것이며, 수행이 어렵다한들 어찌 이룰 수가 없겠습니까?

모름지기 힘들고 어려운 때일수록 '관세음보살'을 더 염하십시오. 관세음보살님을 향해 머리 숙여 예배하십시오. 분명 용기가 치솟고 새로운 힘이 생겨나면서 모든 장애가 티끌처럼 흩어질 것입니다.

이상으로 『관음경』의 중송(重頌)부분은 모두 끝났습니다. 이제 『관음경』의 끝맺음을 살펴봅시다.

爾時_에 持地菩薩_이 卽從座起_{하야} 前白佛言_{하사대}
世尊_하 若有衆生_이 聞是觀世音菩薩品自在之
業_과 普門示現_의 神通力者_는 當知是人_의 功德_이 不
小_{로소이다}
佛說是普門品時_에 衆中_에 八萬四千衆生_이 皆發
無等等阿耨多羅三藐三菩提心_{하니라}

그때 지지보살이 자리에서 일어나 부처님 앞으로 나아가 사뢰었다.

세존이시여, 어떠한 중생이 이「관세음보살보문품」의 자재한 업과 보문(普門)으로 나타내는 신통력에 대해 듣는 이가 있으면, 이 사람의 공덕이 결코 적지 않다는 것을 능히 알겠나이다.

부처님께서 이「보문품」을 설하실 때, 대중 가운데 팔만사천 중생이 가히 견줄 바 없는 아뇩다라삼먁삼보리심을 발하였다.

부처님께서「관세음보살보문품」, 곧 『관음경』을 설하여 마쳤을 때 대중 속에 앉아 있던 지지보살이 자리에서 일어납니다. 경의 첫머리에 법계의 무궁무진한 의미를 상징하는 무진의보살(無盡意菩薩)이 관세음보살의 인연에 대해 질문하였듯이 대지를 상징하는 지지보살이 부처님 앞으로 나아가 마무리를 짓습니다.

땅을 지키는 **지지보살(持地菩薩)**! 지지보살은 지장보살(地藏菩薩)의 다른 이름으로, 옛날 비사부불(毘舍浮佛)께서 이 세상에 계실 때 '마음을 평등하게 가지라'는 가르침을 받고 수행하여, 일체를 평등하게 대하는 능력을 얻은 보살입니다. 바꾸어 말하면 지지보살은 모든 것을 포용하고 모든 것을 살려내는 대지를 상징화하고 있습니다. 이 지지보살의 『관음경』 마무리 말씀을 조금 더 부연하여 풀어보겠습니다.

"세존이시여, 어떠한 중생이든지 「관세음보살보문품」, 곧 『관음경』 속에 간직되어 있는 자유자재한 능력과 힘, 그리고 관세음보살님께서 널리 방편으로 나타내는 신통력에 대한 이야기를 듣고 믿음을 일으켜 의지하는 자가 있으면 그 사람의 공덕이 매우 크다는 것을 능히 알 수가 있습니다."

대지처럼 일체중생을 받아 들이고 자라나게 하는 지지보살의 판단으로도 관세음보살을 믿는 이의 공덕이 무한하다는 것을 거듭 밝힌 것입니다. 이어서 『관음경』은 참으로 중요한 한마디를 남기고 끝을 맺습니다.

"부처님께서 이 「보문품」을 설하실 때, 대중 가운데 팔만사천 중생이 가히 견줄 바 없는 아뇩다라삼먁삼보리심을 발하였다."

아뇩다라삼먁삼보리를 한문으로 번역하면 무상정변정각(無上正遍正覺)입니다. 위없이 바르고 두루하고 밝은 깨달음! 바로 이 마음을 발하였다는 것이 발아뇩다라삼먁삼보리심입니다.

흔히 이 마음을 줄여 보리심(菩提心)이라고 합니다. 보리심이 무엇입니까? 나도 이롭고 남도 이롭게 하며 살겠다는 자리이타(自利利他)의 마음입니다. 나도 깨닫고 남도 깨닫게 하겠다는 자각각타(自覺覺他)의 마음입니다.

바꾸어 말하면, 자리와 자각은 지혜(智慧)요, 이타와 각타는 자비(慈悲)입니다. 지혜와 자비를 갖춘 삶을 살겠다는 것입니다.

나 혼자만 행복하게 살겠다는 것이 아니라, 모든 중생을 행복하게 만들겠다는 염원을 담은 마음이 보리심입니다.

중생은 자기만의 행복, '나' 중심의 행복을 추구합니다. 그런데 '나만의 행복'이라는 미한 생각에서 벗어나 일체 중생의 행복을 생각하는 마음가짐이 된 것을 발보리심이라 하는 것입니다.

그렇다면 이제까지 『관음경』을 공부한 우리는 어떻습니까?

보리심이 일어났습니까? 혼자만 행복하면 그만이라는 생각에서 깨어나 다른 중생을 조금씩 생각하고 돌아볼 수 있는 마음을 갖게 되었습니까?

진실로 이렇게 변하였다면 이미 '나' 속에는 『관음경』을 읽고 새겨 본 무량공덕이 생겨나기 시작한 것입니다. 미혹한 중생의 길에서 벗어나 보리심을 발할 줄 아는 보살의 길로 들어선 것입니다. 정녕 이보다 더 큰 이익과 향상이 어디에 있습니까?

부디 『관음경』에서 설한 뜻을 깊이 새겨 스스로의 마음을 보리심으로 바꾸십시오. 그리고 관세음보살님과 같은 대자비심을 품어보십시오. 그야말로 우리의 삶은 자리이타·자각각타의 지혜롭고 자유로운 삶으로 바뀔 것입니다.

관음경 강의를 끝내며

이상으로 『법화경』 관세음보살보문품, 곧 『관음경』에 대한 강의는 모두 끝났습니다. 이제 나의 관음신앙 체험담을 들려 드리면서 마무리를 짓고자 합니다.

❀

8·15 해방 후, 일본에서 초등학교를 졸업하고 귀국하여 해인사로 출가한 나는 고봉(高峰)스님을 은사로 모시고 강원(講院)에 들어가 경전공부를 시작했습니다. 그러나 해인사의 어른 스님들은 불교의 여러가지 공부 방법에 대해 구체적으로 가르쳐 주시지 않았습니다.

화두공부는 어떻게 하는건지, 주력공부는 어떤건지, 염불정

진은 어떤 식으로 해야 하는 것인지를 제시해 주지 않았습니다. 다만 '옛날 스님들은 이렇게 공부하셨다. 저렇게 공부하셨다'는 이야기를 들려 주셨을 뿐입니다.

나는 스스로 '관세음보살'을 부르기로 작정하였습니다. 그리고 원을 세웠습니다.

"중노릇 잘 하게 해주십시오. 지혜 총명을 주시어 장애없이 경전공부를 잘 마무리 할 수 있도록 해주십시오."

그때 나는 『치문』을 배우고 있었는데, 책 읽는 시간을 제외하고는 '관세음보살' 염불에 몰두하였습니다. 밥 먹을 때도 '관세음보살', 화장실에서도 '관세음보살', 걸어다닐 때도 '관세음보살'을 불렀습니다.

당시의 강원에서 공부를 배우는 학인은 여러 가지 사중(寺中) 업무를 한 가지씩 맡아 돕는 급사 노릇도 하였는데, 나는 해인사 산중 암자들을 돌며 공문서를 전달하는 임무를 맡았습니다. 전화가 없던 시절이라, 공문서를 가지고 한 암자의 원주스님께 전하면 읽은 다음 사인을 해주었으며, 다시 다른 암자로 가서 원주스님의 사인을 맡았습니다.

2~3일에 한번씩 공문서를 들고 산내암자를 다닐 때에도 나는 오로지 '관세음보살'을 외웠습니다. 그렇게 부지런히 '관세음보살'을 찾다보니 다른 사람들과 대화를 할 때도 '관세음보

살'이 끊어지지 않는 차원에 이르렀습니다. 대화는 대화대로 잘 되고, 내 가슴 속에 분명히 관세음보살이 있었던 것입니다.

그렇게 염불을 시작한 지 1년 가량 지났을 무렵, 한밤중에 해인사 밑쪽에서 산불이 일어나 모든 대중이 진화작업에 나섰습니다. 특별한 소방장비가 없었으므로, 제 1진이 불난 곳 가까이의 아직 불 붙지 않은 풀을 낫으로 베면 제 2진이 벤 풀을 갈퀴로 끌어내고, 제 3진이 괭이로 땅을 파면 제 4진이 맞불을 지펴 불이 스스로 꺼지는 방법을 택했습니다.

산불에 대한 경험이 없었던 나는 진화작업에 참여하였다가 문득 엉뚱한 생각을 했습니다.

'이쪽에서만 불이 못 올라오도록 맞불을 놓을 것이 아니라 불이 올라오는 뒤쪽으로 가서 진화작업을 하게 되면 훨씬 빨리 끌 수 있겠다.'

그 생각과 함께 나는 큰 바위를 타고 불길 저쪽으로 넘어가기 시작했습니다. 순간 바위 밑쪽에서 불이 치솟아 올랐고, 숨도 쉴 수 없었습니다. 엉겁결에 바위를 잡고 있던 손을 놓아 버린 나는 불 속을 데굴데굴 굴렀습니다. 썩은 나무에 불이 붙은 그곳은 완전히 벌겋게 탄 숯구덩이였습니다.

산불만으로도 정신이 없는데 나마저 불 속에 굴러 떨어졌으니…. 대중들은 크게 술렁거렸습니다. 어른 스님들의 다급한 음성도 들려 왔습니다.

"저 아이가 죽다니! 불보다도 아이의 시신부터 건져야 한다."

하지만 불구덩이 속을 구르다가 일어선 나는 소리쳤습니다.

"저는 괜찮습니다. 불 끄세요. 저는 여기서 불을 끌게요. 괜찮습니다. 괜찮습니다."

대중스님들은 그 불 속에 굴러 떨어졌으니 죽었거나 큰 화상을 입었을 것으로 생각하였지만, 사실 나는 다친 곳이 전혀 없었습니다. 다만 팔의 살결이 가벼운 화상을 입었을 뿐이었습니다. 대중들은 하나같이 말했습니다.

"기적이다. 불보살님의 가피야."

그때 나는 확신을 하였습니다. 관세음보살을 부르면 어떤 액난도 고난도 사라지고 평안을 얻을 수 있다는 것을! 그리고 관세음보살님과 함께 하고 있으니 무슨 일이라도 할 수 있다는 자신감이 생겨 더욱 열심히 공부했습니다.

그리고 6·25 사변이 일어나기 전, 해인사에 빨치산이 들어 왔습니다. 빨치산 사령관 유성균이 4백여명의 대원을 이끌고 와서 꼭 1달동안 해인사를 점령했습니다. 당시 해인사에는 학인스님만이 아니라 학생들도 많이 있었습니다. 중학생·고등학생·대학생들도 있었습니다. 빨치산들은 해인사에 있는 모든 사람의 신상을 미리 파악하고 있었습니다.

"내일 자네는 집에 간다지? 오늘밤 우리 짐을 옮기는데 도와줘야겠어."

그들은 젊은 사람들을 무조건 붙들어 갔습니다. 그때 나는 지금의 관음전 큰 방에 동료들 7~8명과 함께 앉아 있었는데, 빨치산이 그들을 다 붙잡아 갔지만 나에게는 가자는 말도 않고 아는 척도 하지 않았습니다.

다 잡혀간 큰 방에 홀로 우두커니 있을 때에도 빨치산들이 여러차례 문을 열고 기웃기웃하였지만 나에게 말을 거는 사람은 없었습니다. 그들의 눈에는 내가 보이지 않는 듯 했습니다.

당시에 잡혀간 사람들은 빨치산들과 함께 생활하며 모진 고생을 하였으며, 그 중 반 이상은 돌아오지 못했습니다. 그런데 나는 빨치산의 눈에 보이지 조차 않아 잡혀가지 않았을 뿐더러, 꾸준히 공부를 잘 할 수 있었으니….

어찌 이것이 염피관음력(念彼觀音力), 곧 관세음보살님의 가피가 아니겠습니까?

༄

내 나이 20세 이전에 체험한 이 두가지 이야기를 하는 까닭은, 누구든지 '관세음보살'을 염하면 모든 두려움·재난·불행에서 벗어나 원(願)과 같이 살 수 있게 된다는 것을 거듭 강조하기 위해서입니다.

이제 이『관음경』을 읽고 '관세음보살'을 염하는 불자님들께 진정으로 당부의 말씀을 드립니다. 부디 '관세음보살' 염불을 하겠다고 작정하였으면 한 경지에 오를 때까지 꾸준히 해 나가십시오.

그 한 경지가 무엇인가? 다른사람과 대화를 나눌 때에도 '나'의 가슴 속에서 '관세음보살' 염불이 계속 이어지는 단계입니다. 대화는 대화대로 잘 되고 '관세음보살' 염불은 쉬임없이 또렷하게 이어지는 단계입니다. 이렇게 되면 모든 재난이 스스로 피해가는 정도가 아니라, 모든 뜻하는 바가 저절로 이루어지게 됩니다.

지독히 하면 백일, 길어도 3년을 작정하면 이 경지에까지 오를 수 있으니 부디 부지런히 염불해 보십시오. 대자비의 관세음보살님과 함께 하는 우리 또한 대자비의 무궁한 힘을 지닐 수 있게 되며, 주위를 평화롭고 아름답게 바꿀 수 있게 됩니다.

그날까지 관세음보살님을 부르고 생각하고 함께하여 크나큰 행복을 이루시기를 축원드립니다.

많이 찾는 기도 독송용 경전

한글 『법화경』과 『법화경 한글사경』

불교 최고 경전인 법화경! 이 경을 독송하고 사경해 보십시오.
소원성취는 물론 깨달음과 경제적인 풍요까지 안겨줍니다.

법화경 (독송용) 김현준 역   4x6배판   총 22,000원
전3책 제1·2책 176쪽 7,000원 제3책 192쪽 8,000원

법화경 한글사경 김현준 역   4x6배판   총 22,500원
전5책 각권 120쪽 내외 권당 4,500원

지장경 김현준 편역   4×6배판 208쪽 8,000원

이 책은 지장기도를 하는 분들을 위해 ① 지장경을 처음부터 끝까지 1번 독송,
② '나무지장보살'을 천번염송, ③ 지장보살예찬문을 외우며 158배,
④ '지장보살' 천번 염송의 4부로 나누어 특별히 만들었습니다.
　지장경 독경 및 지장보살예참과 염불을 할 때, 각 장 앞에 제시된 기도법에 따라
기도를 하면, 영가천도·업장소멸·소원성취·향상된 삶을 이룩할 수 있습니다.

자비도량참법 / 김현준 역   양장본 528쪽 22,000원

참되이 참회하시기를 원하십니까? 자비도량참법 기도를 하면 나의 허물과 죄업의
참회에서 시작하여 부모 스승 친척 등 육도 속을 윤회하는 온 법계 중생의 업장과
무명까지 모두 소멸시켜주며, 자비가 충만해지고 환희심이 넘쳐나게 됩니다.

원각경 / 김현준 편역   4×6배판 192쪽 8,000원

한국불교의 근본 경전인 원각경을 수십 차례 번역·수정·윤문하여 쉽게 이해할 수 있도록 하
였습니다. 한글과 원문을 바로 옆에 두어 대조하며 읽을 수 있습니다.

유마경 / 김현준 역   4×6배판 296쪽 12,000원

보살의 병, 불도란 어떤 것인가? 깨달음의 세계로 들어가는 불이법문, 참된 불국토를 건설하는
방법 등등 매우 소중한 가르침들을 가득 담고 있는 이 경을 읽다보면 마음이 탁 트입니다.

승만경 / 김현준 편역   4×6배판 144쪽 5,500원

여인의 성불 수기와 함께 승만부인의 서원, 정법·번뇌·법신·일승·사성제·자성청정심·여
래장사상 등을 분명히 밝힌 보배로운 경전입니다.(한글 한문 대조본)

보현행원품 / 김현준 편역   4×6배판 112쪽 4,500원

행원품과 예불대참회문을 함께 실어 독경 후 행원품에 근거한 정통 108배를 행할 수 있도록
만들었으며, 독송 방법과 대참회의 의미 등도 상세히 설명하였습니다.

밀린다왕문경 / 김현준 편역   신국판 204쪽 7,000원

그리스 왕인 밀린다와 불교 승려인 나가세나가 인생과 불교에 대해 대론한 것을 정리한 경전.
윤회·업·수행·지혜·해탈 등에 대한 조리정연한 번역이 신심을 더욱 불러일으킵니다.

기도 및 영가천도의 지침서

광명진언 기도법 / 일타스님·김현준   신국판 176쪽 6,000원
광명진언 기도를 널리 펴고자 일타스님과 김현준 원장이 함께 저술한 책. 광명진언 속에 새겨진 참의미와 바른 기도법, 빠른 기도성취법 등을 자상하게 설하고, 유형별 기도성취 영험담을 다양하게 수록하였으며, 누구나 보기 쉽도록 큰활자로 발간하였습니다. 광명진언을 외우면 행복과 평화, 영가천도, 소원성취를 이룰 수 있습니다.

생활 속의 기도법 / 일타스님   신국판 160쪽 5,500원
불교계 최대의 베스트셀러! 일상생활에서 누구나 처할 수 있는 여러 가지 상황에 따른 구체적인 기도방법에서부터 특별기도성취법·영가천도기도법·기도할 때 지녀야 할 마음가짐까지, 자상한 문체로 예화를 섞어 쉽고 재미있게 엮었습니다.

기도 / 일타스님   신국판 240쪽 8,000원
총 6장 52편의 다양한 기도 영험담으로 엮어진 이 책을 읽다보면 기도를 통해 틀림없이 부처님의 가피를 입을 수 있음을 확신할 수 있게 되고, 올바른 기도법과 함께 기도성취의 지름길을 알 수 있게 됩니다.

기도성취 백팔문답 / 김현준   신국판 240쪽 8,000원
기도에 대한 정의·기도와 믿음·업장소멸의 방법·꾸준한 기도의 효험·원을 세우는 법·축원법·각종 기도가피와 기도성취의 시기·성취를 위한 하심법下心法 등 기도에 관한 궁금증들을 문답형식으로 자상하게 풀이하였습니다.

참회와 사랑의 기도법 / 김현준   신국판 192쪽 6,500원
총 84가지 문답을 통하여 참회의 정의에서부터 참회기도를 해야하는 까닭, 절을 통한 참회법·염불참회법·주력참회법·가족을 향한 참회, 기도 축원의 구체적인 내용 및 자비의 기도가 갖는 효과, '백중과 영가천도'등에 대해 아주 상세하게 설명하고 있습니다.

참회·참회기도법 / 김현준   신국판 160쪽 5,500원
참회의 참된 의미, 절·염불을 통한 참회법, 참회인의 마음가짐, 이참법 등을 영험담들과 함께 감동 깊게 엮은 책으로, 참회를 통해 행복하고 자유로운 삶을 사는 방법을 열어주고 있습니다.

불교의 자녀사랑 기도법 / 김현준   신국판 160쪽 5,500원
사랑하는 자녀들을 가장 잘 사랑할 수 있는 방법을 부처님의 가르침에 의지하여 정립하고 생활화한 책입니다. 이 책의 가르침을 따라 자녀를 사랑하고 기도해보십시오. 우리의 자녀들이 뜻하는 바 소원을 성취하고, 행복과 평화를 누릴 수 있게 될 것입니다. 부록으로 부모님께 효도하여야 하는 까닭과 방법도 수록하였습니다.

법보시를 원하시는 분은 출판사로 연락 주십시오. 할인혜택을 드립니다.
전화 02-587-6612, 582-6612 팩스 02-586-9078

신묘장구대다라니 기도법 / 우룡스님·김현준   신국판 208쪽 7,000원
신묘장구대다라니를 외우면 생겨나는 가피와 공덕, 기도의 방법과 주의할 점, 우룡스님이 들려주는 14편의 영험담, 대다라니의 근본경전인 『무애대비심다라니경』을 수록하고 있는 이 책을 읽고 자신있게 기도하면 심중소원의 성취와 기적같은 체험도 할 수 있습니다.

기도 성취의 지름길 / 우룡스님   4×6판 160쪽 4,500원
가족을 위한 기도와 기도 성취의 원리에 초점을 맞춘 감동적인 기도법문입니다. 제1부 「가족 행복을 위한 기도」에서는 가족을 향한 참회와 절의 필요성, 3배 기도의 큰 영험에 대해 일러주고 있으며, 제2부 「빠른 기도 성취의 길」에서는 믿음과 정성이 뒤따라야 기도 성취를 잘할 수 있고, 기도의 고비를 잘 넘겨야 능히 행복과 대해탈의 문이 열린다는 것을 많은 이야기를 곁들여 설하고 있습니다.

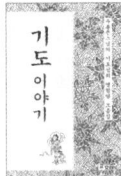
기도 이야기 / 우룡스님   신국판 204쪽 7,000원
"스님, 기도로 소원을 성취할 수 있습니까?" 총 6장 45편의, 참으로 재미있는 기도성취 영험담이 수록된 이 책을 읽고 기도를 하면, 불보살님과 통하는 감응의 길이 열리면서 심중소원을 빨리 성취하게 됩니다. 또한 이야기 끝에 붙인 큰스님의 해설은 기도의 방법을 쉽게 터득할 수 있도록 이끌어줍니다.

영가천도 / 우룡스님   신국판 160쪽 5,500원
영가의 장애를 느끼십니까? 돌아가신 영가를 영가를 제대로 천도해 드리지 못했습니까? 영가천도의 필요성과 기본자세, 염불·독경·사경을 통한 영가천도, 49재, 낙태아 천도 등 영가천도에 관한 궁금증 및 천도의 방법을 우룡스님의 자세한 법문으로 풀어드립니다.

미타신앙·미타기도법 / 김현준   신국판 160쪽 5,500원
아미타불의 참 모습에서부터 극락에서 누리는 행복, 칭명염불·오회염불·관상염불·천도염불 등의 각종 염불수행법과 함께 임종하는 이를 위한 의식과 49재 기간의 행법 등을 자세히 밝히고 있습니다.

관음신앙·관음기도법 / 김현준   신국판 240쪽 8,000원
관세음보살의 구원 능력, 주요 경전 속의 관음관, 11면관음·천수관음·32응신·33관음 등 자비관음의 여러 가지 모습, 일심칭명 일념염불의 관음기도법, 독경 사경 기도법, 다라니 염송 기도법 등을 자세하고도 알기 쉽게 풀이하였습니다.

지장신앙·지장기도법 / 김현준   신국판 192쪽 6,500원
지장신앙 속에는 영가천도뿐만이 아니라 현세에서의 행복과 깨달음, 성불의 비결까지 간직되어 있습니다. 이러한 지장신앙의 여러 측면과 함께 생활 속에서 할 수 있는 지장기도법을 자세히 밝혀놓았습니다.

병환과 기도 / 일타스님·김현준   4×6판 84쪽 2,500원

알기 쉬운 경전 해설서

생활 속의 반야심경 / 김현준　　　　　　　신국판　240쪽　8,000원
공空의 의미, 모든 괴로움의 원인과 괴로움에서 벗어나는 방법, 색즉시공 공즉시색의 참뜻, 걸림 없고 진실불허한 삶을 이루는 방법 등을 반야심경의 경문을 따라 쉽고 상세하고 재미있게 풀이하고 있습니다.

화엄경 약찬게 풀이 / 김현준　　　　　　　신국판　216쪽　7,000원
불자들이 자주 독송하는 화엄경약찬게! 화엄경약찬게를 그냥 읽으면 참으로 어렵고 무슨 내용인지 알 수 없지만 이 풀이를 본 다음에 읽으면 약찬게를 명확히 파악할 수 있게 될 뿐 아니라 화엄경의 내용까지 꿰뚫어 환희심이 샘솟고 대화엄의 세계에서 노닐 수 있게 됩니다.

생활 속의 천수경 (개정판) / 김현준　　　　신국판　240쪽　8,000원
천수관음이 출현하신 까닭, 천수관음을 청하는 법과 가피를 얻는 법, 신묘장구대다라니의 풀이와 공덕, 찬탄의 공덕과 참회성취의 비결, 준제기도 및 주요 진언 속에 깃든 의미, 여래십대발원문 사홍서원 삼귀의 의미 등을 상세히 풀이하였습니다.

생활 속의 금강경 / 우룡스님　　　　　　　신국판　304쪽　9,000원
금강경의 심오한 내용을 알기 쉽게 풀이하고 일상생활과 접목시켜 강설함으로써 삶의 현장에서 금강경의 가르침을 능히 응용할 수 있도록 하였고, 감동을 주는 일화들을 많이 삽입하여 재미를 더해주고 있습니다.

생활 속의 관음경 / 우룡스님　　　　　　　신국판　240쪽　8,000원
관세음보살보문품인 관음경을 통하여 관세음보살의 본질, 일심칭명과 재난 소멸법, 공경 예배와 소원 성취법, 관세음보살을 관하는 법 등에 대해 여러 가지 영험담과 함께 감동적으로 풀이하고 있습니다.

생활 속의 보왕삼매론 / 김현준　　　　　　신국판　240쪽　8,000원
『보왕삼매론』을 해설한 이 책은 병고 해탈, 고난 퇴치, 마음공부와 마장 극복, 일의 성취, 참사랑의 원리, 인연 다스리기, 공덕 쌓는 법, 이익과 부귀, 억울함의 승화 등 누구나 인생살이에서 겪게 되는 장애들을 속 시원하게 뚫어주고 있습니다.

천지팔양신주경 사경 (1책으로 3번 사경)　　4×6배판　112쪽　4,500원
옛부터 건축·결혼·출산·사업·죽음 등 평생의 삶 중에서 중요한 때마다 읽고 쓰면 크게 길하고 이롭고 장수하고 복덕을 갖추게 된다고 전해지고 있습니다.

부모은중경 사경 (1책으로 3번 사경)　　　4×6배판　112쪽　4,500원
부처님께서는 부모님의 은혜를 새기면서 이 경을 쓰게 되면 그 어떤 행보다 큰 공덕이 생겨난다고 하였습니다. 정성 들여 사경하면 뜻하는 바가 이루어집니다.

보왕삼매론 사경 (1책으로 50번 사경)　　　4×6배판　120쪽　4,500원
보왕삼매론을 사경하면 재앙이 소멸됨은 물론이요 생활 속의 걸림돌이 디딤돌로 바뀌고 고난이 사라져 하루하루가 편안해집니다.

보현행원품 한글사경 (1책으로 3번 사경)　　4×6배판　120쪽　4,500원
행원품을 사경하면 자리이타의 삶과 업장 참회, 신통·지혜·복덕·자비 등을 빨리 이룰 수 있고 세세생생 불법과 함께하며 보살도를 성취할 수 있습니다.

약사경 한글사경 (1책으로 3번 사경)　　　4×6배판　112쪽　4,000원
약사경을 사경하면 약사여래의 가피가 저절로 찾아들어, 병환의 쾌차, 집안 평안, 업장소멸을 비롯한 갖가지 소원을 쉽게 성취할 수 있습니다.

영험 크고 성취 빠른 각종 사경집 (책 크기 4×6배판)

광명진언 사경 (가로쓰기:1080번 사경)　　　　　　128쪽　5,000원
광명진언 사경 (세로쓰기:1080번 사경)　　　　　　128쪽　5,000원
눈으로 보고 입으로 외우고 손으로 쓰고 마음으로 새기는 광명진언 사경은 크나큰 성취를 안겨줍니다.

금강경 한글사경 (1책으로 3번 사경)　　　　　　　144쪽　5,500원
금강경 한문사경 (1책으로 3번 사경)　　　　　　　144쪽　5,500원
금강경 한문한글사경 (1책으로 1번 사경)　　　　　100쪽　4,000원
요긴하고 으뜸된 경전인 금강경을 사경해 보십시오. 업장소멸과 함께 크나큰 깨달음과 좋은 일들이 저절로 다가옵니다.

아미타경 한글사경 (1책으로 7번 사경)　　　　　　116쪽　4,500원
살아 생전 또는 부모나 가까운 분이 돌아가셨을 때 이 경을 쓰면 극락왕생이 참으로 가까워집니다.

반야심경 한글사경 (1책으로 50번 사경)　　　　　　116쪽　4,500원
반야심경 한문사경 (1책으로 50번 사경)　　　　　　116쪽　4,500원
반야심경을 사경하면 호법신장이 '나'를 지켜주고, 공의 도리를 깨달아 평화롭고 안정된 삶이 함께 합니다.

신묘장구대다라니 사경 (50번 사경)　　　　　　　116쪽　4,500원
대다라니를 사경하면 관세음보살님과 호법신장들이 '나'와 주위를 지켜주고 소원성취와 동시에, 행복하고 자비심 가득한 마음을 가질 수 있도록 해줍니다.

천수경 한글사경 (1책으로 7번 사경)　　　　　　　112쪽　4,500원
천수경을 사경하고 독송하면 천수관음의 가피가 저절로 찾아들어, 업장 및 고난의 소멸과 갖가지 소원을 쉽게 성취할 수 있습니다.

관음경 한글사경 (1책으로 5번 사경)　　　　　　　112쪽　4,500원
관음경을 사경하면 늘 행복이 함께하며, 학업성취·건강쾌유·자녀의 성공·경제문제 등에도 영험이 매우 큽니다.

지장경 한글사경 (1책으로 1번 사경)　　　　　　　144쪽　5,500원
지장경을 사경하고 독송하면 영가천도는 물론이요, 각종 장애가 저절로 사라지고 심중의 소원이 성취됩니다.

아미타불 명호사경 (1책으로 5,400번 사경)　　　　160쪽　6,000원
'나무아미타불'과 '아미타불'을 오회염불법에 따라 외우고 쓰는 특별한 명호사경집입니다. 집중력을 더하여, 심중 소원 성취에 큰 도움을 줍니다.

관세음보살 명호사경 (1책으로 5천4백번 사경)
지장보살 명호사경 (1책으로 5천번 사경)　 각 권 108쪽　4,500원
'관세음보살'이나 '지장보살'의 명호를 쓰면서 입으로 외우고 마음에 새기면, 관세음보살님과 지장보살님의 가피를 입어 몸과 마음이 큰 변화를 이루고, 마음속의 원을 능히 성취할 수 있습니다.

알기 쉬운 불교근본교리 (국판)

삼보와 삼학 / 원산스님　　　　　　　　200쪽 6,500원
불자들이 꼭 알아야 할 불·법·승 삼보와 계·정·혜 삼학에 대해 저자가 고금을 꿰뚫는 안목으로 깊이있게 집필한 책

불교란무엇인가 / 우룡스님　　　　　　　160쪽 5,500원
불교는 해탈의 종교, 해탈을 얻는 원리, 무엇이 부처인가, 소승과 대승불교, 불자의 실천 등 핵심되는 가르침을 설한 책.

육바라밀 / 김현준　　　　　　　　　　　192쪽 6,500원
대승불교의 기본이 되는 보시·지계·인욕·정진·선정·반야바라밀을 일상생활과 접목시켜 쉽고도 재미있게 서술한 책.

사성제와 팔정도 / 김현준　　　　　　　240쪽 8,000원
부처님께서 행복한 삶을 열어주기 위해 창안한 불교 핵심 교리를 정말 알기 쉽고 자상하고 감동적으로 엮은 책.

자비 실천의 길 사섭법 / 김현준　　　　192쪽 6,500원
보시·애어·이행·동사의 사섭법이 필요한 까닭부터 잘 실천하고 잘 성취할 수 있는 방법을 자세히 제시한 책.

삼법인·중도 / 김현준　　　　　　　　　160쪽 5,500원
제행무상·제법무아·열반적정의 삼법인과 중도의 의미, 중도속의 수행과 삶 등에 대해 일목요연하게 정리한 책.

인연법 / 김현준　　　　　　　　　　　224쪽 8,000원
인연법을 삶·괴로움·진리·마음씨·희망·행복·기도성취 등의 다양한 측면과 연결시켜 삶을 윤택하게 만들어주는 책.

육조단경(덕이본德異本) 증보개정판 / 김현준 역 4×6배판 208쪽 8,000원
육조 혜능대사께서 설한 선종의 근본 경전으로, 인간의 참된 본성을 보게 하여 마음을 치유하고 깨달음을 열어줍니다. 계속 정독하면 영성이 깨어나고 대자유인이 될 수 있습니다. 증보개정판을 내면서 한글 번역 옆에 한자 원문을 붙여 뜻을 잘 이해할 수 있도록 하였으며, 글씨를 조금 더 크고 뚜렷하게 하여 읽기 좋도록 하였습니다.

선가귀감 / 서산대사 저 김현준 역　　　4×6배판 136쪽 6,000원
조선시대 최고의 고승인 서산대사께서 선禪에 대한 다양한 가르침을 중심에 두고 참회·염불·계율·육바라밀·도인의 삶 등을 간절하게 설하여 불자들의 신심과 정진에 큰 도움을 주는 소중한 책입니다. 읽으면 읽을수록 쾌락함과 깊은 맛을 느낄 수 있습니다.　　　　　　　　　　　(한글 한문 대조본)

　　　　　휴대용 우리말 선가귀감도 있습니다. (4×6판 160쪽 5,000원)

법보시를 원하시는 분은 출판사로 연락 주십시오. 할인혜택을 드립니다.
　　　전화 02-587-6612, 582-6612 팩스 02-586-9078